AI와 악의 평범성

AI문고

인공지능 시대입니다. 기계가 인간의 인지를 대신하고, 사물이 인간을 통하지 않고 다른 사물과 직접 커뮤니케이션합니다. 이에 따른 인간 삶과 문명 변화를 정확히 이해·예측·대응하는 것은 이 시대 우리 모두의 과제입니다. AI문고는 인공지능 기술과 환경의 여러 주제를 10가지 키워드로 정리합니다. 관련 개념과 이론, 학계와 산업계의 쟁점, 우리 일상의 변화를 다룹니다. 인간과 기술의 현재, 미래를 세심히 분석합니다.

일러두기

- 인명, 작품명, 저서명, 개념어 등은 한글과 함께 괄호 안에 해당 국가의 원어를 병기했습니다.
- 외래어 표기는 현행 어문규정의 외래어표기법을 따랐습니다. 다만 '딥러닝', '딥마인드', '딥페이크' 등은 관행을 따랐습니다.

처음이세요?

전문가세요?

AI와 악의 평범성

이인미

대한민국, 서울, 커뮤니케이션북스, 2025

AI와 악의 평범성

지은이 이인미
펴낸이 박영률

초판 1쇄 펴낸날 2025년 1월 22일

커뮤니케이션북스(주)
출판 등록 2007년 8월 17일 제313-2007-000166호
02880 서울시 성북구 성북로 5-11
전화(02) 7474 001, 팩스(02) 736 5047
commbooks@commbooks.com
www.commbooks.com

ISBN 979-11-7307-368-7 03500

책값은 뒤표지에 표시되어 있습니다.

차례

인간인 듯 인간 아닌 인간 같은 AI

난 누군가? 또 여긴 어딘가? 나는 왜 태어났는가? 무엇 하러 이 세상에 왔는가?

시험 삼아 내 스마트폰에 깔려 있는 챗GPT 앱을 켜서 "넌 무엇 하러 이 세상에 왔니?"라고 물어보았다. 챗GPT-4 모델이다. 챗GPT가 "인간을 돕기 위해서"라고 대답을 시작한다. 대답을 마칠 때까지 1초도 걸리지 않았지만 대답의 길이는 1초에 읽을 수 없을 만큼 무척 길다. 말하자면 자기 존재의 목적에 대한 답변인데, 요약하면 이러하다. "정보를 제공하고, 질문에 대답하고, 대화에 응하기 위해서 존재합니다."

챗GPT는 'exist'라는 단어를 써 가며, 자신의 존재 목적을 기술한다. 목적이 있어서 챗GPT는 AI다. 여기서 잠깐, 칸트(Immanuel Kant)에 따르면, 인위적 · 기술적인 것을 알아보는 기준이 되는 것이 곧 '목적'이다(Arendt, 1992). 아티피셜(artificial), 테크니컬(technical)은 목적을 포함하고 지향한다. AI의 A가 아티피셜의 A다.

반면 인간은 자신이 존재하는 이유나 목적에 대해 확

신하지 못한다. 왜 태어났는지, 무엇을 위해 태어났는지 잘 모른다. 그러나 어떻든 이 세상에 태어났고, 이 세상에 존재한다. 그렇게 존재하는 인간 개체의 숫자가 2024년 현재 무려 80억 명을 넘었다.

돌이켜 보면 인간으로서 나는 아무 선택도 하지 않았다. 국가, 인종, 부모, 피부와 머리 색깔, 젠더 중에서 내가 자발적으로 선택한 것은 없다. 나는 대책 없이 세상에 내던져진 듯하다. '숨겨진 왕 같은' 천재 철학자 하이데거(Martin Heidegger)가 말한 '내던져진 존재(Geworfen Sein)'라는 표현이 찰떡같이 들어맞는다. "살고 있다면 죽고 있는 것"이라는 그의 말이 일순간 서늘하게 가슴을 울린다(Heidegger, 1997).

생애 첫 순간, 코와 입을 사용해 산소호흡을 처음 경험하며 자기도 모르게 '응애' 하고 울음을 터뜨렸을 때 인간은 인생의 목적이나 이유를 알지 못한다. 알긴커녕 "난 누구? 여긴 어디?"라고 질문할 줄도 모른다. 심지어 거울 속에 보이는 작은 인간이 자기와 똑같이 생겼을 뿐 아니라, 그 녀석이 바로 자기 자신이라는 사실을 인지하기까지는 약간의 세월이 흘러야 한다.

그러다 보니 우리의 결론은 잠정적으로 이러하다. 내가 왜 이 세상에 왔는지 난 모른다. 내가 무엇을 위해 이 세상에 왔는지 난 모른다. 나만 모르나? 남들도 모른다. 우리는 모두 이 세상에 온 목적을 모르는 채 이 지구상에서 아옹다옹하며 살아간다.

열일하는 AI

앞서 챗GPT가 잘 말했듯, AI는 목적이 분명하다. 인간의 일, 즉 노동·작업(labor & work)을 보조하기 위해서다. 태생이 그렇다. 애초에 AI는 존재의 목적을 인간의 일에 맞추었다. AI는 인간을 위해 봉사하도록 설계되었다(Wachsmuth, 2014).

AI를 개발·제작하려면 대체로 엄청난 예산과 전문 인력이 있어야 한다. 따라서 인간의 일을 얼마만큼 분담하고 어느 정도로 보조할지 희미하거나 불확실한 AI가 생산될 가능성은 거의 없다고 봐도 좋다. 현대 자본주의 사회에서 예산과 인력의 낭비는 치명적인 결점이다. "쓸모도 없고 목적도 불분명하지만, 그냥 한번 재미로 만들어 봤어요"라는 핑계는 AI 개발 분야에서 금기어 중 하나이리라.

우리 시대에 뚜렷한 목적 아래 활동하는 AI는 인간을 지원·조력하거나 인간과 협력한다. 나아가 인간 대신 일한다. 그냥 인간의 일을 대체하는 정도가 아니다. 똑

소리 나게 일을 시작하고, 똑 부러지게 일을 마무리한다. 일이 고되어도 인내하고, 한눈팔지 않으며, 욕망에 무지하다. 밤새도록 일을 시켜도 불평이 없고, 일거리를 왕창 안겨 줘도 불만이 없다. 전원이 안정적으로 공급되는 환경에서는 최적 · 최상의 숙련된 일꾼이다.

인간이 노동과 작업을 통합해 '일'로 인식하니, AI도 그리한다. 인간이 일하듯 일하고, 인간의 생각과 느낌 수준에서 반응한다(장대익, 2023). 키오스크로 우뚝 서서 일하기도 하고, 스마트폰이나 스마트워치 형태로 인간의 손 언저리에서 항상 대기한다. 노래를 짓고, 그림을 그리며, 건물을 설계하고, 스토리를 짠다. 각 분야에서 노동 · 창작 기능을 장착한 AI는 성실하고 똑똑하며 친절하다. 우리 곁에 있는 AI는 대부분 똑똑한 만큼 친절하다(김태헌 · 이벌찬, 2022).

요컨대 AI는 이 세상 어딘가에 사는 어떤 유능한 인간이 내놓을 법한 결과물을 내놓으며 인간과 소통한다. 그 까닭에 AI와 함께 있을 때 우리는 '향상된 인간, 진보된 인간'을 마주한 듯한 호감에 젖을 수 있다.

가짜 인간 AI

원론적으로 볼 때 AI는 인간의 지능을 모방해 출범한 기계 시스템이다. 그러나 AI가 인간 지능처럼 작동하는 건 아니다(이상완, 2022). 연구자들은 AI가 인간의 지능에 거의 도달했다고 평가하는 한편 "2% 부족해"라며 고개를 가로젓는다. 스필버그(Steven Spielberg)가 제작한 영화 〈A.I.〉(2001)는 바로 그 부정적 고갯짓을 영상화한 작품이다. 2001년 이 작품을 홍보하려고 북미 지역에 공개한 포스터에서 마지막 문장은 이거였다. "이 아이의 사랑은 진짜입니다. 그러나 이 아이는 진짜가 아닙니다."

한편 최근 어떤 연구자들은 AI가 비인간인 건 어차피 엄연한 사실이니 "인간은 진짜, AI는 가짜"라고 언급하는 게 별 의미가 없다고 주장한다. AI가 AI면 됐지, 그게 무슨 문제냐고 반문한다. AI가 AI답다면 그건 진짜 AI라는 증거니까, 그걸 굳이 가짜 인간으로 폄하하듯 정의할 것까지는 없다는 의견이다.

이와 관련하여, 장차 AI 제작 과정에서 인간 지능을 모델로 참조하지 않게 될 날이 도래하리라고 과감히 예견하는 사람들도 나타났다(유헌식, 2022). AI 딥러닝 인공신경망이 이미 인간의 신경망과 다르게 작동하므로 향후 '인간을 닮지 않은 정도가 아니라 닮으려고 하지 않는, 즉 인간에게 무심한 AI'가 나타나도 이상할 게 없다는 것이다(박충식, 2018). 인간은 인간대로 잘 갈 것이고 디지털은 디지털대로 잘 갈 것이다, 다시 말해 너는 네 갈 길로 가고 나는 내 갈 길로 간다, 너와 내가 다른 존재라면 서로 상관하지 않고 잘 살면 그걸로 됐다, 그런 사고방식인 듯하다. 관계 차단, 분리 독립에 대한 담담한 진술이다. 참신한 듯 위험한 듯 아슬아슬하다.

유능한 AI

이미 잘 알려져 있지만 점점 더 많이 언급되는 용어 '악의 평범성'은 잔혹한 전쟁범죄자 나치 아이히만(Adolf Eichmann)에게서 아렌트(Hannah Arendt)가 발견한 '무사유(thoughtlessness)'를 은유하는 개념이다. 아렌트에 따르면, 아이히만의 무사유는 상투적 고정개념 사용과 진부한 언어 활용에서 입증된다.

죽기 직전에 남긴 아이히만의 말은 상투적 고정개념 사용과 진부한 언어 활용의 절정이다. 삶의 마지막 순간에 터져 나온 아이히만의 마지막 언어는 인생 최종 호흡, 인생 마지막 정서가 짙게 실린 절절한 언어여야 했지만, 그는 자기 내면에서 그처럼 절절한 언어를 골라낼 수 없었다. 그 대신 그는 여러 장례식장에서 자주 들었던 장례 연설 문구를 기억해 냈다(Arendt, 2006). 우리 식으로 말하면 '삼가 명복을 빕니다', '이 세상 소풍을 마치셨습니다', '고통 없는 곳으로 가셨으니 평안하실 겁니다', '뜻밖의 비보에 슬픈 마음을 금할 길 없습니다'쯤 될 듯하다. 아이히만은 그런 상투어를 녹음테이프 재생하듯 발언한 뒤 생을 마감했다.

흔히 우리는 아이히만을 '무사유의 사람'으로 인정하면서 '사유가 중요해'라는 식으로 약간 추상적으로 또는 철학적으로 받아들이는 경향이 있다. 그러나 이 책은 아렌트의 진의를 따라, 아이히만이 표상하는 '악의 평범성'에 대하여 다음의 두 가지 핵심 사항을 바탕에 깔아 둘 것이다.

첫째, 타인과의 관계에서 벗어나 있음.
둘째, 타인의 입장이 되어 생각하지 못함.

아이히만은 단지 사유가 없는 사람 정도가 아니었다. 업무 효능감을 위해 불필요한 잡생각을 줄이려 노력하는 고지식한 사람도 아니었다. 아이히만의 무사유는 문자 그대로 '생각 없음'을 지목하는 것을 넘어선다.

아이히만은 잔혹한 인간이었지만 조직폭력배나 연쇄살인범이 아니었다. 폭력에서 병적 쾌감을 느끼는 악마의 화신도 아니었다. 아렌트가 지적했듯, 아이히만은 자신과 타인의 관계에서 빠져나와 있었고, 그랬기에 타인의 입장을 고려하지 않은, 특이하게 무능력한 인물이었다.

주어진 업무에 관하여 직선적 성과와 기계적 효능만 고려하는 '기능인'이었다는 점에서 아이히만은 우리 시대의 '기능인' AI와 아주 흡사하다. 기능주의적 관점에서 보면 인간 아이히만의 사고 과정과 인조인간 AI의 사고 과정은 쌍둥이처럼 동등할 것이다(김선희, 2021).

이 책의 구성

이 책은 악의 평범성과 AI의 관계를 알아보고 싶은 이들에게 이를테면 '생각의 징검다리'로서 10가지 개념을 제시한다. '악의 평범성, 능력, 목적, 노동, 자유, 평등, 책임, 의지, 판단, 스마트한 아이히만'이다. 10가지로 구성된 생각의 징검다리를 하나하나 지르밟으며 AI와 악의 평범성 관계를 독자적으로 알아내고, 자신의 사유를 독자적으로 정돈할 수 있기를 기대한다.

1장 '악의 평범성 오해 주의'에서는 악의 평범성에 대한 오해 양상을 검토한다. 요지는 이거다. 악의 평범성은, 악에 대한 고정관념과 평범에 대한 고정관념을 뛰어

넘으라고 요청하는 명제라는 것.

2장에서는 논리적 결괏값을 산출하는 기계로서 AI의 능력을 들여다본다. 여기서 능력이란 '논리' 능력이다. 이와 관련하여 데카르트(René Descartes)의 '나는 생각한다. 고로 존재한다'에서부터 아렌트의 '모든 사유는 경험에서 발생한다'까지, 다양한 논리적 사유와 사유 전반에 관한 이야기를 짧고 굵게 살펴본다.

3장에서는 목적과 도구의 문제를 그들 각각을 잇는 적합한 관계 면에서 사유한다. AI의 목적은 명확하다. 인간이 기능주의적으로 설정한 명확한 목적이 AI를 이끈다. 그 목적에 비추어 볼 때 AI는 인간에게 유익을 가져다주는 도구 이상도 이하도 아니다.

4장에서는 AI를 위한 필수 사전 노동으로서 인간의 노동을 고찰한다. 흔히 저임금 크라우드 노동, 유령노동 등으로 하릴없이 폄하되지만 AI에게 필수적인 데이터 패턴화 작업 문제를 들여다본다.

5장은 벤담(Jeremy Bentham)이 제안한 감옥 '패놉티콘(Panopticon)'에 AI를 적용해 자유 문제를 다룬다. 그리스어 '넓다(Pan)'와 '보다(Opticon)'의 합성어 패놉티콘은 소수의 교도관이 다수의 수감자를 감시하도록 설계된 원형 감옥이다. 패놉티콘에 AI를 적용하면 스마트한 자동 원형 감옥이 탄생한다. 감시의 자동화는 교도관들을 잡다한 업무에서 잠시나마 자유롭게 해 준다. 그러나 아렌트에 따르면 자유는 자동 현상을 근원적으로 배격한다.

6장에서는 평등 관점에서 AI 시대 민주주의의 의미를 사색한다. 사색의 물꼬를 트는 질문은 이거다. AI 시대 민주주의는 '고비용(high-priced) AI 기술'의 전격적 가격 인하를 통한 평등한 접근 가능성과 사용 가능성을 뜻하는가? 이 책은 민주주의가 인간과 기계의 관계가 아니라 인간과 인간의 관계 차원에서 사색되어야 한다는 입장이다.

이어지는 7장의 주제어는 '책임'이다. AI는 데이터 계산 · 산출에서 나타나는 오류나 실수에 대하여 책임이 없다. 무시무시한 핵무기, 어마어마한 탄소 배출량, 상상을 뛰어넘는 물 사용량 앞에서 AI는 속수무책이다. 안타깝게도 AI의 속수무책에 관하여 인간 또한 속수무책이다.

8장과 9장은 '악의 평범성'이라는 주제를 옆으로 확장해 살펴본다. 사유에 더하여 의지와 판단을 포함하는 '정신의 삶' 전반을 다룬다. 이는 아이히만의 무사유가 안겨준 충격 때문에 인간의 정신 활동 전체를 본격적으로 연구하기 시작한 아렌트를 제대로 성실하게 뒤따르는 일이기도 하다(Arendt, 1978). 아렌트에 따르면 정신의 삶은 셋(사유, 의지, 판단)으로 구획된다. 이 책 8장에서는 의지를, 9장에서는 판단을 다룰 것이다.

마지막으로 10장에서 우리가 마주할 주제는 '스마트한 아이히만'이다. 우리는 AI를 스마트한 아이히만으로 부를 수 있다. 그러나 거기서 끝내선 안 된다. 이 책은 스마트한 아이히만을 유력하게 상대할 수 있는 방안으로 아렌트의 또 다른 용어 '인간복수성(plurality)'이라는 의미를 사유할 것이다.

참고문헌

김선희(2021). 『인공지능, 마음을 묻다』. 한겨레출판.

김태헌·이벌찬(2022). 『AI 소사이어티: 스마트 인류가 사는 세상』. 미래의창.

박충식(2018). 성찰적 인공지능. 한국포스트휴먼학회. 『인공지능과 새로운 규범』. 아카넷.

유헌식(2022). 강한 인간척도주의에서 약한 인간척도주의로: 4차 산업혁명시대 포스트휴먼의 존재론적 특성과 관련하여. 이한구 외. 『인공지능과 포스트휴먼』. 경희대학교 출판문화원.

이상완(2022). 『인공지능과 뇌는 어떻게 생각하는가』. 솔출판사.

장대익(2023). 『다정한 인공지능을 만나다』. 샘터사.

Arendt, H.(1978). *The Life of the Mind.* Harcourt, Inc.

Arendt, H.(1992). *Lectures on Kant's Political Philosophy.* The

University of Chicago Press.
Arendt, H.(2006). *Eichmann in Jerusalem.* Penguin Group.
Heidegger, M.(1972). *Sein und Zeit.* Max Niemeyer Verlag Tübingen. 이기상 옮김(1997). 『존재와 시간』. 까치글방.
Wachsmuth, I.(2013). *Menschen, Tiere und Max: Natürliche Kommunikation und künstliche Intelligenz.* Spektrum Akademischer Verlag. 장병탁·최윤영 옮김(2014). 『커뮤니케이션: 인간, 동물, 인공지능』. 서울대학교출판문화원.

01
악의 평범성 오해 주의

우리 모두의 내면에 아이히만이 있다.
우리에게는 아이히만과 같은 측면이 있다.
아렌트가 말하려던 것은 그게 아니었다.
아렌트는 기회 있을 때마다 "그게 아니에요"라고 해명했다. 한 인터뷰에서는 "절대로 그게 아니었습니다"라며, '절대로'를 언급하기도 했다. 그래서 생각해 본다. 아니, 말이야 바른 말이지, 평범한 우리가 어째서 학살 정책을 총설계한 아이히만 같은 기능직 공무원에 견주어져야 한단 말인가.

AI와 1인 창업?

악은 깊이가 없다

'악의 평범성(Banality of Evil)'은 만만치 않은 개념이다. 악은 평범하다, 그 얘기 아닌가? 그리 간단히 말할 성질의 개념이 아니다. '악의 평범성'이 만만치 않은 개념인 까닭은 우선 '악(evil)'이 만만치 않은 개념이기 때문이다.

악에 대해서 생각할 때 우리는 반사적으로 선을 떠올린다. 그런 다음 자연스럽게 선악 이분구도를 구상한다. 말하자면 우리는 선악 이분구도에 익숙하다. 원래부터 있었던 자명한 진리로 인식한다. 이분구도의 양쪽에 있는 선과 악은 깊이와 무게 면에서 동급이다. 이러한 우리의 심정을 대중문화는 썩 잘 담아낸다.

예를 들어 보자. 할리우드 영화 〈다크 나이트〉(2008)에는 강하고 매력적이며 선한 '배트맨'과 그에 못지않게 강하고 매력적이되 악한 '조커'가 등장해 대립한다. 두 캐릭터는 영화 안에서 대등하게 맞선다.

대중문화가 매력적인 악역을 추구하거나 연구해 온 사례는 비단 할리우드에만 있는 게 아니다. 한국 영화 〈범죄도시〉(2017) 시리즈도 속편에 속편을 거듭하는 과정에서 '더욱더 매력적인 빌런이 예비되어 있다'고 떠들썩하게 광고하는데, 그 광고는 효과가 있다.

선악 이분구도에 대한 현대의 통상적·대중적 사유 구조는 강렬한 편이다. 때로는 신념에 가깝게 표현된다. 선악의 영적 대결과 투쟁을 강조한 고대 마니교를 능가할 정도다.

그러나 아렌트는 선악 이분구도에 동의하지 않는다. 아렌트에 따르면 선은 미덕이기에 깊이가 있지만, 악은 깊이가 없다. 악은 결코 선의 깊이에 필적하지 못한다. 얕디얕은 악은 깊디깊은 선과 동급에 놓일 자격이 없다.

아렌트의 이러한 주장은 박사학위 지도교수 야스퍼스(Karl Jaspers)에게서 배운 것이기도 하다. 신학자이자 철학자였던 야스퍼스는 아렌트에게 보낸 편지에서, 악을 박테리아에 비유한 적이 있었다. 박테리아가 거대한 팬데믹을 일으킬 수 있지만 그렇다 해서 박테리아가 거대한 것은 아니라는 것이 그의 입장이었다. 전 지구적 팬데믹을 대대적으로 일으킬 수 있다 해도 결국 그것은 하찮은 세균에 불과할 따름이라는 것이다. 아렌트는 스승 야스퍼스의 의견에 100% 동의했다(Arendt & Jaspers, 1992).

요컨대 악은 하찮고, 얕으며, 얄팍하다. 그것이 악에 대한 아렌트의 기본 입장이다. 그래서 아렌트는 악을 인간의 본성 차원, 본질의 깊은 층위에서 논의하려 하지 않았다. 아렌트는 악을 '사유'의 차원으로 제한하여 해부했고, 그 결과 악의 평범성을 주창하게 되었다. 아렌트에게 악의 평범성은 인간의 깊은 본성이나 존재의 본질 차원의 이야기가 아니다.

아이히만은 인류의 대표자가 아니다

악의 평범성에 대한 오해는 '평범성' 개념에 대한 섣부른 이해에서도 빚어진다. 평범성을 'banality'가 아니라 'ordinary'로 받아들이면 오해는 더욱더 활성화된다. 이 지점에서 '평범한 사람이 어떤 문제적 상황에 처하면 악한 사람이 될 수도 있다'는, 일종의 확대일반화 논리가 파생된다. 밀그램(Milgram) 실험, 스탠퍼드 감옥(Stanford Prison) 실험은 이 논리를 뒷받침한다.

밀그램 실험은 '징벌에 의한 학습 효과'를 연구하는 실험이라며 피험자들을 살짝 속여 진행되었다. 피실험자들은 자기네들이 무작위로 교사 집단과 학생 집단으로 모집되었다는 안내를 받았다. 그러나 교사 역할을 맡은 사람들은 일반인 피실험자들이었지만, 학생 역할을 맡은 사람들은 전문 연기자들이었다. 사실상 실험 보조자들이었다.

연기자 학생들이 학습에 실패할 때마다 교사 역할을

맡은 피실험자들은 전기충격을 가해야 한다는 실험 규칙을 제시받았다. 피실험자들은 실험 규칙에 따라 학생들에게 가하는 전기충격 수위를 높이거나, 높일까 말까 고민했다. 대다수 피실험자가 전기충격을 치명적 수위까지 올렸다. 학생들이 연기자들이었기에 망정이지, 아니었으면 큰일 날 뻔했다.

순종을 요구받는 권위적 환경에서 통계적으로 볼 때 평범한 사람들은 대부분 그 권위가 선하든 악하든 권위에 순종한다는 것이 밀그램 실험이 도출한 섬뜩한 결론이었다. 나중에 실험 결과까지도 일부 조작되었다는 비판이 나왔지만, 사람들은 밀그램 실험 이야기를 들을 때 "흠, 나도 어쩌면 그랬을 것 같아" 하며, 고개를 끄덕였다.

유사한 실험으로 스탠퍼드 감옥 실험이 있다. 교도관과 죄수 역할로 피실험자들을 모집했는데, 이번에 모집된 일반인들은 진짜로 무작위로 배정되었다. 흥미로운 것은, 죄수 역할을 맡은 피실험자들은 가족과 친지들이 지켜보는 가운데 모욕적으로 체포되어 실험 장소인 감옥으로 호송되었다는 사실이다. 실험 초기부터 현실과 실험이 구별되지 않았다.

실험이 시작되고 얼마 지나지 않아 교도관 역할을 맡

은 피실험자들에게서 잔혹 행위가 나타났다. 수감자 역할을 맡은 피실험자 중 한 명이 일시적 정신이상 증세를 일으켜 실험이 '급'종료되기 전까지 스탠퍼드 감옥은 전문 교도관 교육을 수료하지 않은 일반인이 다만 치안 유지라는 명목 아래 자의적으로 자행하는 다양한 폭력이 난무하는 무질서한 공간이었다.

위의 두 실험에서 '악의 평범성'을 떠올렸다면 '악의 평범성' 오해 쪽으로 기울어진 셈이라 판단해도 좋다. 나 같이 평범한 사람도 권위적 환경에서 폭력 사용을 허락받으면 사악해질 수 있다 생각하며 옷깃을 여미고 있다면, 미안하지만, 거의 90%는 '악의 평범성'을 오해한 것이라 봐도 무방하다. 아렌트는 일반인들의 '악의 평범성' 사례를 판정하는 데 기준으로 활용될 표준 이론을 제출한 게 아니다(Arendt, 1964). 무엇보다 악의 평범성 사례로 이야기된 아이히만은 인류를 대표하는 전형(prototype)이나 원형이 아니다. 아이히만은 평범한 인간을 대표할 만한 인물이 아니다. 말이야 바른 말이지, 평범한 우리가 어째서 학살 정책을 총설계한 아이히만 같은 기능직 공무원에 견주어져야 하는가.

문제는 폭력의 정당화가 아니고 '무사유'다

히틀러 집권기, 특별히 1940년대에 유대인 집단을 향해 직접 폭력을 가한 잔인한 폭력 단체가 제법 많았다. 그중 학살에 최적화된 특수작전집단 준군사조직 '아인자츠그루펜(Einsatzgruppen)', 아우슈비츠 수용소 친위대원, '101예비경찰대대' 등을 예시할 수 있다.

아인자츠그루펜의 잔인무도한 활약상은 문서와 영상으로 잘 남아 있다. 구덩이 가장자리에 유대인을 줄지어 세워 놓고 근접사격으로 그들을 쏘아 구덩이로 떨어지게 한 '유사 군인'들이 아인자츠그루펜이다.

다음으로 브라우닝(Christopher Browning)이 지은 책 『아주 평범한 사람들』은 비인도적 폭력 상황을 자기 나름으로 합리화하며 가까스로 버텨 낸 101예비경찰대대에 속했던 평범한 경찰 아저씨들을 증언한다. 그들은 유대인을 학살하라는 상부 명령을 받고 폭력에 대한 자기 정당화를 추구했다. 어떻게 하면 폭력을 더 잘 정당화할 수 있을까 궁리했다. 다시 말하면 그들은 사유한 것이다(Arendt, 1970). 101예비경찰대대와 유사한 집단으로 아우슈비츠 수용소 친위대원들을 들 수 있다.

마침 아렌트가 이 사람들을 다룬 글이 있다. 글 제목은 "심판대에 오른 아우슈비츠"다. 흥미롭게도 이 글에서 아렌트는 '악의 평범성'을 거론하지 않았다. 아렌트는 아우슈비츠 수용소 친위대원들이 저지른 폭력에 대해서 그들 스스로 책임져야 한다고 강조했다(Arendt, 2003).

아이히만과 아우슈비츠 친위대원 사이에는 상부로부터 유대인 학살 명령을 받았다는 공통점이 있다. 하지만 아렌트는 그들 사이의 차이점을 지적한다. 핵심은 독자적 사유 활동이 있는가 없는가이다.

사유의 유무(有無)에 집중해야, 악의 평범성에 대한 오해로 미끄러지지 않을 수 있다. 악의 평범성은 스스로 사유함으로써 폭력의 자기 정당화를 이룩한 사람의 문제를 경계하는 게 아니다. 폭력을 논리적으로 또 자기방어적 감정으로 정당화하는 사람들에게 문제가 없다는 이야기가 아니다. 그들이 아이히만보다 선하다거나 낫다거나 덜 위험하다는 이야기도 아니다. 악의 평범성이 겨냥하는 문제는 그게 아니라는 뜻이다.

아이히만의 결정적 문제는 무사유다. 아이히만은 독일이 점령한 여러 지역의 게토에 흩어져 있는 유대인 숫자를 헤아려 합산했다. 그는 마치 자동화된 기계처럼 숫자를 더하거나 뺐다. 실제 인간 유대인을 떠올릴 필요조차 없었다. 개인적 취향 같은 것도 개입될 여지가 없었다. 아이히만은 주야장천 덧셈과 뺄셈을 했다. 그는 유대인 숫자 계산 업무와 유대인에게 실제로 가해지는 잔혹한 폭력을 연결하여 생각하지 못했다.

그러니 잊지 말자. '악의 평범성'이 가리키는 핵심적 사안이 다음의 두 가지임을…. 하나는 깊이 없는 천박한 악, 다른 하나는 완전한 무사유.

참고문헌

Arendt, H.(1964). Kohler, Lotte(Ed.). Eichmann in Jerusalem. Penguin Publishing Group. 김선욱 옮김(2006). 『예루살렘의 아이히만』. 한길사.

Arendt, H.(1970). *On Violence*. A Harvest/HBJ book.

Arendt, H. & Jaspers, K.(1986). Hannah Arendt Karl Jaspers Briefwechsel 1926-1969. Translated from the German by Robert and Rita Kimber(1992), Hannah Arendt Karl Jaspers: correspondence, 1926-1969. Harcourt Brace Jovanovich.

Arendt, H.(2003). Kohn, Jerome(Ed.), *Responsibility and Judgment*. Schocken.

Arendt, H.(2018). Kohn, Jerome(Ed.), *Thinking Without a Banister*. Schocken. 신충식 옮김(2023), 『난간 없이 사유하기: 한나 아렌트의 정치 에세이』. 문예출판사.

Browning, C. R.(1998). *Ordinary Men: Reserve Police Battalion 101 and the Final Solution in Poland*. HarperCollins Publishers. 이진모 옮김(2010). 『아주 평범한 사람들: 101예비경찰대대와 유대인 학살』. 책과함께.

02
능력: 청렴결백한 논리주의자

어떤 이가 AI에게 재미 삼아 "세종대왕 맥북 프로 던짐 사건 알려 줘"라고 물었더니 AI가 다음과 같이 응답했단다. "세종대왕의 맥북 프로 던짐 사건은 『조선왕조실록』에 기록된 일화로, 15세기 세종대왕이 새로 개발한 훈민정음(한글)의 초고를 작성하던 중 담당자에게 분노해 맥북 프로와 함께 그를 방으로 던진 사건입니다." 이는 곧 웃음거리 '밈'이 되었다.

AI와 MBTI?

무엇이든 물어보십시오

재미로 챗GPT에게 물어보았다. "세종대왕 맥북 프로 던짐 사건에 대해 알려 줘."

그랬더니 그 사건은 역사적 사실이 아니며, 유머와 풍자로 만들어진 재미있는 '인터넷 밈'이라고 설명해 준다. 똑똑하게! 그러나 재미는 없게!

그러고는 '무엇이든 물어보십시오'라고 새롭게 제안하듯 메시지 입력 화면으로 빠르게 되돌아간다. 그 공간을 가만히 들여다본다. 정말로 무엇이든 물어보아야 할 것만 같은 느낌적인 느낌.

그리하여 챗GPT에게 질문한다. "최초의 AI에 대해 말해 줄래?" 챗GPT가 대답한다. 다소 장황하나, 최초의 AI는 튜링(Alan Turing)의 연구에서 영감을 받아 개발되기 시작했다는 요지의 이야기를 말해 준다.

튜링은 당대에 뛰어난 수학자였다. 1936년에 발표된 그의 논문 "계산 가능한 수에 관하여, 수리명제 자동생성 문제에의 응용"은 오늘날 컴퓨터, 즉 '만능기계'에 대한 최초의 기초적 아이디어를 담았다. 공식이나 규칙을 따라 풀이할 때 정답을 찾아낼 수 있다면 기계도 수학을 할 수 있다는 게 튜링의 아이디어였다. 이 만능기계를, 튜링은 '생각(사유)하는 기계'라고 명명했다.

그런데 수학, 즉 수리 능력은 인간의 사유 능력 전부를 가리키지 않는다. 인간의 사유 능력 전체가 어느 정도 깊으며, 얼마만큼 넓은지에 대해서는 아직 다 밝혀지지 않았다(이상완, 2022; Walsh, 2018). 단, 수리 능력이 인간의 사유 능력 중 하나라는 것은 분명히 알려져 있다. 그러나 그렇다고 하여 AI를 사유하는 기계로 정의하거나, 반대로 사유가 인간의 고유한 능력이 아닐 수 있다는 가설을 섣불리 설정하면 안 될 것 같다. 심지어 인간 존재의 고유성을 사유 능력이 아닌 차원에서 재정의하자는 주장은 시기상조로 보인다(이화인문과학원, 2013). AI는 인간의 수리 능력을 차용한 기계 또는 프로그램이다.

논리연산만 하는 논리주의자

논리학과 인식론 분야의 탁월한 철학자 일리옌코프(Evald Ilyenkov)에 따르면, 인간의 사유가 어떻게 전개되는지 명료하게 드러내려는 학문이 논리학(Logic)이다. 역사적으로 논리학은 인간의 사고체계를 지칭하기 위해 도입되었는데, 그런 뜻으로 논리학이란 용어를 처음 사용한 이들이 스토아 철학자들이다. 스토아 철학자들은 아리스토텔레스의 가르침 가운데 '사고의 본성'에 관한 부분을 선택해 논리학이라는 이름을 붙였다

(Ilyenkov, 2019).

논리학은 아리스토텔레스의 가르침에서 시작되었다. 그렇지만 '논리학' 하면 우리 머릿속에 얼른 떠오르는 사람은 (재미있게도) 아리스토텔레스가 아니라 바로 이 사람이다. 소크라테스.

1단: 사람은 죽는다.
2단: 소크라테스는 사람이다.
3단: 따라서 소크라테스는 죽는다.

19세기에 이르러 삼단논법의 각 논리적 단계를 구성하는 생각 토막, 다시 말해 명제들의 연결법칙이 제시되었다. '불 대수(Boolean Logic)'를 창안한 천재 수학자 불(George Boole)이 그것을 해냈다. 그는 자신의 대표 논문 "사고의 법칙 연구"에서, 논리에 수학적 기초를 제공하는 데 그치지 않고 인간의 사고 자체를 설명하려고 노력했다(Walsh, 2018). 그는 아무리 복잡한 고차원적 사유라 할지라도 다음의 세 규칙의 연결 공식으로 표현할 수 있다고 보았다. '그리고(AND), 또는(OR), 아닌(NOT)'이다.

불에 따르면, 누구든 명제 연결 규칙 세 가지를 활용하면 사유를 전개할 수 있다. 이같이 명제들을 연결해 사유를 전개하는 것을 '논리연산'이라 부른다.

컴퓨터는 논리연산 또는 논리학이라는 범주 안에 있다. AI는 논리적 · 수리적 계산을 따르는 기술 시스템이다. 이 기술 시스템은 논리나 수리 외에 다른 건 모른다. 욕심도 탐심도 흑심도 없다. 객관성과 논리성만 추구한다는 점에서 청렴결백하다고 말할 수 있다. 만일 인공 감정이 장착된 AI라면 인간의 감정에 대해 지정된 반응을 표현할 수는 있을 것이다(Wachsmuth, 2014). 이 또한 'E라는 감정엔 Ⓔ로, I라는 감정엔 Ⓘ로'라는 식의 일대일 직선적 대응이겠지만 말이다. 그러므로 AI를 인간에 빗대어 말한다면 아마 청렴결백한 논리주의자 정도가 되지 않을까.

지식은 답을, 사유는 질문을

애초에 논리학의 주제와 근원에는 인간의 사유에 대한 질문이 있었다. 실제로 논리학의 주제는 시간이 갈수록 '인간의 사유'라는 근원으로 더욱 집중해 들어가는 경향성을 띤다.

기능주의 관점에서 보면 인간의 사유 과정은 AI의 사유 과정과 사실상 동등하다. 피실험자가 자신이 지금 대화하는 존재가 인간인지 기계인지 구별하는 데 성공하는지를 시험하는 '튜링 테스트'는 AI의 사유와 인간의 사유가 '논리를 따른다'는 점에서 동등하며 유사하다는 것을 반증한다(김선희, 2021).

논리학에선 논리가 관건이다. 삼단논법, 귀납법, 변증법 등 사유의 구체적 방법론뿐 아니라 '인간은 어떻게 사유하는가'라는 질문도 논리(학)의 과제다.

그런데 로크(John Locke)에 따르면 논리학은 "사물을 이해하거나 혹은 그 사물에 관한 지식을 다른 사람들에게 전달하기 위해 정신이 사용하는 기호의 본성을 고찰하는 것"이다(Ilyenkov, 2019). 그래서 로크는 스토아 철학자들이 실행한 전통 논리학을 언어적 기호를 다루는 일, 즉 수사학의 문제로 짐짓 좁혀 취급하려 했다. 그러나 그럼으로써 수사학을 넘어서는 인간의 사고 전반을 다루는 철학적 시도가 오히려 본격화될 수 있었다.

로크와 비슷한 시기에 활동한 또 다른 수학자 데카르트도 '사물(물질적 실재)'과 '개념(정신적 관념)'의 관계에 천착했다. 그 과정에서 유명한 명제 "생각한다. 고로 나는 존재한다"가 탄생했다. 데카르트에 이르러, 논리적 사유는 사유 전반은 물론 인간 존재 자체와 연결되기에 이르렀다.

데카르트에 따르면 인간은 세상 모든 것을 의심할 수 있지만 자신의 존재를 의심할 수는 없다. 온갖 의심을 넘어선 높은 곳에 자신으로서 인간의 자리가 위치한다. 그 인간은 논리적으로 사유할 줄 안다. 논리적 사유의 주체로서 인간은 사유하면서 진리를 추구한다. 논리가 사유 전체와 동급을 이룬다.

한편, 사유 중에는 진리를 추구하지 않는 사유도 있을 수 있다. 아렌트는 바로 이 지점에 주목한다. 아렌트는 말한다. 모든 사유는 일상적 경험에서 발생한다고.

아렌트의 사유 개념은 칸트의 개념을 이어받은 것이다. 칸트는 목적, 즉 진리에 도달하는 수단으로써 사유를 활용하는 '지식'과, 이성의 본성에서 발원하여 그 자체로 작동하는 '사유'를 구별했다. 그러고 나서 지식과 사유를 계속 대비했다. 둘은 같지 않다는 게 칸트의 철학적 업적 중 하나다.

아렌트는 칸트의 견해를 바짝 뒤좇는다. 칸트를 따라 아렌트는, 지식이 진리를 추구하고 사유는 의미를 추구한다고 말한다. 동시에 아렌트는 둘의 연계에 관해서도 언급한다. 아렌트는, 인간이 "의미의 이해와 관련하여 대답할 수 없는 질문들을 제기함으로써 문제를 제기하는 존재로 활동한다"고 말했다(Arendt, 1978). 아렌트에 따르면 인간의 사유는 답을 구하는 데 만족하고 거기에 멈추지 않는다. 질문을 구성하고 문제를 제기하며 사유를 더 확장해 나간다.

모름지기 인간은 경험에서 의미를 찾지만

아렌트에 따르면, 인간은 자기의 경험을 다루며 거기에서 의미를 찾아내고자 한다. 아렌트는 인간의 "모든 사유는 뒷궁리"라고 말한다(Arendt, 1978).

그러면 AI와 과거 경험의 관계는 어떠할까? AI도 자기의 경험을 다룰까? 우선 AI가 보유한 데이터 중에는 인류의 과거 경험담이 매우 많다. 물론 AI가 직접 경험한 건 아니다. AI한테도 남들의 경험과 구분되는 자기만의 경험이라는 것이 있을까?

스콧(Ridley Scott) 감독의 1982년 영화, 흔히 디스토피아 SF의 걸작으로 손꼽히는 〈블레이드 러너〉에는 과거 어린 시절을 생생히 기억할 수 있기 때문에 자신을 인간이라 주장하는 인조인간 리플리컨트 '레이첼'이 등장한다. 레이첼이 사뭇 진지하게 털어놓는 어린 시절의 추억을 다 들은 뒤, 회수 대상 리플리컨트 색출 전문가 전직 블레이드 러너 '릭'이 무심하게 한마디를 툭 내뱉는다.

"임플란트(주입된 것)!"

AI한테는 스스로 겪은 과거 경험이란 게 있을 수 없다. 과거 경험 데이터가 수없이 쌓여 있기는 하겠지만, 그중에 자기가 직접 겪은 경험이란 건 없다. 그뿐 아니다. AI에겐 주입된 경험만이 있을 따름이다. AI는 그 주입된 경험에 임의로 의미를 부여할 수도 없다. 그런 수고를 할 필요도 없고, 딱히 그럴 의지도 없다.

불행 중 다행이랄까, 아이히만도 인간인지라 한때 유대인 이웃을 살뜰히 돌봐 준 과거 경험이 있었다. 그러나 아이히만은 그 경험에 의미를 부여하지 않았다. 그저 오래된 유물처럼, 그 경험을 마치 '화석'처럼 보관만 하고 있었다. 여러 데이터를 잘 모으고 잘 겹쳐서, 잘 보관하고 있는 AI처럼.

참고문헌

김선희(2021). 『인공지능, 마음을 묻다』. 한겨레출판.

김주완(2023.2.23). "세종대왕 맥북프로 던짐사건 알려줘" 물었더니, 챗GPT의 엉뚱 답변 '밈'으로 유행 중. ≪한국일보≫, https://www.hankookilbo.com/News/Read/A2023022215200000727

이상완(2022). 『인공지능과 뇌는 어떻게 생각하는가』. 솔출판사.

이화인문과학원(2013). 『인간과 포스트휴머니즘』. 이대출판부.

Arendt, H.(1978). *The Life of the Mind*. Harcourt Inc.

Ilyenkov, E.(1977). *Dialectical Logic: Essays on Its History and Theory*. Progress Publisher. 우기동·이범수 옮김(2019). 『인간의 사고를 어떻게 이해할 것인가?: 변증법적 논리학의 역사와 이론』. 도서출판 책갈피.

Wachsmuth, I.(2013). *Menschen, Tiere und Max: Natürliche Kommunikation und künstliche Intelligenz*. Spektrum Akademischer Verlag. 장병탁·최윤영 옮김(2014). 『커뮤니케이션: 인간, 동물, 인공지능』. 서울대학교출판문화원.

Walsh, T.(2018). *Machines That Think: The Future of Artificial Intelligence*. Prometheus Books. 이기동 옮김(2018). 『(AI의 미래) 생각하는 기계』. 도서출판 프리뷰.

03
목적: AI는 다 목적이 있구나

인간은 때로 무응답을 실행할 수 있고, 무반응으로 일관할 수 있다. 어쩔 수 없는 속사정이 있을 수도 있고, 우연찮게 응답하기 싫거나 문득 반응하기 귀찮은 마음이 올라와서 그랬을 수도 있다. 그러나 AI가 무응답이다? 고장 난 것도 아니고 배터리 상황도 좋은데 AI가 무반응이다? 반품이나 교환이 필요할 수 있다.

AI와 난임 극복?

응답하라, 인공지능

며칠 전 카페 키오스크에서 커피를 주문할 때 내가 실제로 겪은 일이다. 화면을 터치할 때마다 스르륵 화면 전환이 잘되던 키오스크가 정지됐다. 화면의 어디를 터치해도 하얗게 돌변한 화면은 요지부동이었다. 당황스러웠는데 그때 문득 '직원호출'이라는 작은 메뉴가 보였다. 터치해 보았다. 다행스럽게도 이 터치는 유효했다. 직원이 다가왔다. 그러나 한번 멈춘 키오스크 화면은 그의 터치에도 꼼짝하지 않았다. 직원은 전원을 내렸다.

이후 나는 그 직원과 소소한 대화를 나누며 커피 주문을 마쳤다. 스몰 토크의 즐거움이 되살아나 그럭저럭 괜찮았다. AI가 올바르게 응답하지 않을 때, 다행히 우리에게는 '인간'이라는 차선책(?)이 준비돼 있다. 말하자면 인간이 AI를 '백업'해 주는 것이다. 우리 시대엔, 편리한 AI가 먹통이 되면 덜 편리한 인간이 나타나 해결해 준다. 그런 사례가 또 있다.

내 스마트폰에는 '구글맵'이 들어 있다. 낯선 곳에서 길을 잃지 않도록 인도해 주는 유익한 앱이다. 몹시 추웠던 어느 겨울, 나는 친구들과 약속한 장소를 확인하려고 구글맵을 켰다. 배터리 잔량이 15%였지만 "설마" 했다.

그러나 '설마가 사람 잡는다'더니 낮은 기온 탓에 배터리가 빨리 소진됐다. 내 GPS 정보는 약속 장소에서 아직 멀었던 그때, 약속 장소에 먼저 도착한 친구 중 한 명에게서 전화가 왔다. 어디냐 묻기에 시야에 들어온 건물 이름을 재빨리 말했다. 그 순간 스마트폰이 꺼졌다. 전원 스위치도 무반응이었다. 나는 스마트폰이 먹통이 되기 직전 친구에게 말해 준 건물 앞에서 추위에 떨며, 친구가 건물 이름을 들었기를 소망하며, 친구를 기다렸다. 몇 분쯤 기다렸을까, 친구가 나타났다.

인간의 요구에 응답하지 않는 AI는 좋게 말하면 오작동이나 고장을 일으킨 것이고 나쁘게 말하면 '재난만큼' 안전하지 않은 것이다(김창익, 2023). 램프를 문지르면 '뿅' 하고 나타나 램프 주인의 소원을 들어주도록 정해져 있는 램프 요정 '지니'처럼, AI는 인간이 요구할 때 가능한 한 빨리 응답해야 한다. AI가 응답을 하지 않으면 그건 '배, 배, 배, 배, 배신'이다.

영원한 친구, AI

물리적 충격을 받아 파손되거나 프로그램 오류나 과부하로 인해 화면이 멈춘 게 아닌 한, 에너지를 보충해 주면 AI는 계속 작동한다. 그런 점에서만 보면 AI는 불사조(phoenix)다. 이는 다음과 같은 말로 바꾸어 표현할 수 있다. AI는 죽을 수 없다. AI는 죽음과 무관하다. 죽음과 관계 맺지 않는다. AI는 죽음을 염려할 필요가 없다. 죽을세라 두려워하지 않는다. AI는 죽음 앞에서 불안해하지 않는다.

그런데 영화 〈2001 스페이스 오디세이〉(1968)의 할 9000, 〈아이, 로봇〉(2004)의 비키 같은 AI들은 죽음을 의식할뿐더러 마치 죽음이 두렵다는 듯이 연기한다. 착시효과다. 의인화 현상이 빚어낸 착각이다.

인간은 의인화를 아무렇지도 않게 일상적으로 사용한다. 길을 걷다 돌부리에 걸려 중심을 잃고 휘청대면 내 부주의를 성찰하기보다는 비활성 물체인 돌부리를 흘겨본다. 아기가 아장아장, 비틀비틀 걷다가 책상 모서리에 부딪혀 울음을 터뜨리면 아이의 눈앞에서 책상 모서리를 내리치며 "때찌"를 외친다. 마치 너를 아프게 한 책상을 아프게 해서 정당한 응징을 단행했다는 듯 연기를 한다. 책상이 그 응징을 납득할 수 있을 만큼 통증을 느꼈을까? 응징 행위를 연출해 보이기 위해 책상을 내려친 손가락이나 손바닥은 아팠겠지만.

커다란 자연 동물원 안에서 생활하는 침팬지 무리의 권력투쟁을 관찰하는 가운데 인간 정치 현상의 원형을 추리하는 작업도 역시 의인화의 일환이라 할 수 있다. 만일 인간의 정치 현상이 동물의 정치 현상에서 기인했다고까지 추론한다면 의인화 논리를 거의 끝까지 밀어붙인 셈이 된다. 그러나 여하튼 동물이든 사물이든 '움직이는 것'을 두고 우리가 의인화 유혹에 넘어가지 않기란 쉽지 않다(Waal, 2018; Waal, 2022).

실제로 최근에 이런 일들이 있었다. 콩콩콩 뛰어다닐 뿐 아니라 똑바로 서서 중심도 잡을 줄 아는 움직이는 AI 강아지를 실감 나게 테스트하느라 제작진 중 한 명이 AI 강아지에게 발길질을 했더니, 보는 사람들 중 어떤 이들이 "동물 학대 아냐?" 하며 흠칫 놀랐다. 어지간한 외부의 힘에는 쓰러지지 않도록 제작된 AI 강아지를 테스트해 보려는 마음으로 어떤 유력 정치인이 그것을 힘껏 떠밀어 보았더니 "공감 능력 제로"라는 비난의 목소리가 쏟아졌다.

AI에 대한 의인화는 '머릿속 의인화', '주관적 의인화'에만 머물지 않는다. 심지어 객관적 인식과 공감을 지향한다고 말해도 과언이 아니다. 최근 정밀 카메라를 장착한 AI가 인간의 감정을 읽고 그에 대해 적절한 공감 반응을 나타낼 수 있게 되었는데, 그중 자폐증 환자를 도울 수 있는 기능을 갖춘 AI 로봇이 출시됐다(장대익, 2023). 그뿐 아니다. 심리상담 AI 엘리자(Eliza), 심리치료에 특화된 챗봇 카림(Karim) 등은 실제 상담 장면에 투입된 지 꽤 되었다(Walsh, 2018). AI가 살아 있는 사람처럼 활동하고, 또 대우받는 것이다.

메멘토 모리

살아 있는 사람 누구한테나 죽음은 찾아온다. 찾아올 죽음을 맞이하지 않고 배겨 낼 사람은 없다. 하지만 나 자신의 죽음은 아직 오지 않았다. 살아 있는 한 우리는 죽지 않은 사람들이다. 따라서 우리가 죽음을 경험한다 말할 때 그 죽음은 100% 남의 죽음이다. 나의 죽음을 나는 경험할 수 없다. 나의 죽음을 경험했다고 말할 수 있으려면 나의 죽음을 경험한 뒤에도 내가 계속 살아 있어야 하는데, 그건 불가능하다.

물론 내가 나의 죽음을 앞질러 간접 경험하는 일, 즉 죽음을 일반화하는 경험은 가능하다. 나의 죽음이 있기 전 나는 '아직 살아 있어서' 죽음을 앞질러, 불안과 공포를 버무려 경험할 수 있다. 노쇠한 가족이 별세할 수도 있고, 오며 가며 마주쳤던 젊은이가 사고사나 병사로 세상을 떠날 수도 있다. 전쟁터에서 살해된 사람들은 뉴스에서 숫자로 발표된다. 모두 남의 죽음이지만, 나와 밀접한 관계가 있는 죽음이다. 언젠지는 알 수 없으나 나

또한 죽음을 반드시 맞이하게 될 것이기 때문이다.

실존주의 철학자 하이데거는 『존재와 시간』 2편에서 실존하는 '현존재(Dasein/다자인)'의 죽음 현상에 천착한다. 하이데거에 따르면, 인간은 생명을 종료하는 순간에 아직 도달하지 않은 한, 끊임없이 죽어가는 중이다. 하이데거에게 '살아가다'는 '죽어가다'와 같은 현상이다(Heidegger, 1997).

그러다 보니, 어떤 이들은 자못 웅장한 표현 '메멘토 모리(죽는다는 걸 기억하라)'를 좌우명으로 삼기도 한다. 메멘토 모리(Memento mori)는 죽음을 환기함으로써 삶에 더 충실할 것을 지시하는 반사효과를 낸다.

그러면 인생의 중요한 주제이자 종착점으로서 죽음은 인간에게 무엇일까? 생의 종착점이니까 생의 '목적'일까?

모든 생명체의 종착지에서 죽음이 일어나긴 하지만, 사람이 그 죽음에 도달할 목적으로 평생을 살아가는 건 아니다. 이를 아렌트의 문장으로 바꿔서 표현해 보자. 세상에 태어난 인간은 누구나 죽지만 죽으려고 태어난 게 아니다(Arendt, 1998). 인간에게 죽음은 언제나 생의 마지막에 도달한 단계에서 일어나지만, 그렇다 하여 죽음을 인생의 마지막 목적이라고 일컬을 수는 없다. AI와 달리 인간의 삶은, 목적이 별도로 설정되어 있지 않는 것 같다. 어쩌면 생명 자체가 목적인지도 모른다. 죽음이 아니라….

참고문헌

김창익(2023). 『인공지능 안전성에 주목하라-재난만큼 위험한 AI 오류』. 홍릉.

Arendt, H.(1992). *Lectures on Kant's Political Philosophy*. The University of Chicago Press.

Arendt, H.(1998). *The Human Condition*. The University of Chicago Press.

Heidegger, M.(1972). *Sein und Zeit*. Max Niemeyer Verlag Tübingen. 이기상 옮김(1997), 『존재와 시간』. 까치글방.

Waal, F. de(1998). *Chimpanzee Politics*. The Johns Hopkins University Press. 황상익 외 옮김(2018). 『침팬지 폴리틱스』. 바다출판사.

Waal, F. de(2022). *Different: Gerder Through the Eyes of Primatologist*. W. W. Norton & Company(On Kindle Edition). 이충호 옮김(2022). 『차이에 관한 생각: 영장류 학자의 눈으로 본 젠더』. 세종서적.

Walsh, T.(2018). *Machines That Think: The Future of Artificial Intelligence*. Prometheus Books. 이기동 옮김(2018). 『(AI의 미래) 생각하는 기계』. 도서출판 프리뷰.

04
노동: 그림자를 꼭 붙여 주오

AI 학습 절차에 없어서는 안 되는 필수 항목이 있다. 분야별 데이터 패턴화를 구현하는 인간의 노동이다. 흔히 유령 노동, 그림자 노동으로 불리는 데이터 분류 · 패턴화 작업이다. 흔히 AI의 똑똑한 응답은 칭찬을 받는다. 반면 그 응답 이전에 투입된 그림자 노동은 칭찬받기는커녕 인식조차 되지 않는다.

AI와 사주?

피터팬과 그림자

어느 날 밤, 웬디가 사는 집에 피터팬이 들이닥쳤다. 피터팬은 도망친 자기 그림자를 뒤쫓다가 본의 아니게 웬디네 집에 이르렀다. 쫓기는 그림자와 쫓는 피터팬이 자아내는 소음 때문에 잠에서 깬 웬디는 피터팬을 돕는다. 그림자를 피터팬의 발에 붙여 바늘로 꿰매 준다.

그림자가 없어도 피터팬이 금방 죽지는 않는다. 그러나 피터팬에게 그림자는 필수불가결하다. 그림자를 뒤쫓느라 동화 세계 '네버랜드'를 떠나 현실 세계 영국 런던까지 날아온 것을 보면 알 수 있다. 비유컨대 도망치는 데 잠깐 성공했던 그림자의 의사와 관계없이 그림자를 필요로 했던 피터팬처럼, AI도 그림자를 필요로 한다.

AI에겐 그림자가 필수다. 이는 AI 발전사에서 아주 초기에 형성됐다. AI의 작동을 위해 AI 개발자들은 우선 기계어를 익혔어야 했다. 그들은 자기들이 익힌 기계어를 연결하는 논리연산 규칙을 만들어야 했고, 기계어들을 일일이 컴퓨터에 입력해야 했다. 그 고단한 입력 과정은 대중에게 보이지 않았다. 대중에게는 AI의 빛나는 결괏값만 보였다.

처음부터 그랬다. AI가 일하기 전에 인간이 일을 해야 했다. 신속 정확한 보조 일꾼으로 AI를 잘 사용하기 위해서는 인간이 선제적으로 일을 해야만 했다. 세상에 공짜는 없다. '편리'가 공짜일 리 없다.

그림자는 누구?

세월이 흐르며 AI를 위한 그림자가 어떤 일을 해야 하는지 점점 명확해졌다. AI의 알고리즘을 수시로 점검하고, 그 결괏값을 검토하거나 확인하고, 자료 데이터를 분류해서 입력하는 것 등이다. 그러한 일을 감당하는 노동을 흔히 그림자노동이라 부른다. AI 뒤에서 눈에 띄지 않게 진행되는 노동이라는 뜻이다. 다른 말로 저임금 크라우드 노동(김만권, 2023), 유사 표현으로 마이크로 작업, 유령 노동 등이 있다.

그림자 노동의 보수는 높았던 적이 없다. 언뜻 단순노동처럼 보이기 때문이다. 아무튼 그림자 노동의 보수가 계속 낮은 수준으로 유지되는 가운데 AI는 더 대중화 · 상용화되었다. 따라서 AI에게 문제가 일어나면 그 폐해가 광범위하게 퍼질 가능성이 높아졌다. 일례로 의료 데이터를 의료 지식이 거의 없는 비전문가들이 저임금을 받고 분류 · 점검하는 장면을 상상해 보라. 문제가 일어나지 않으리라 상상하는 게 오히려 나이브하고 비현실적이다.

실제로 관련 분야의 방대한 데이터를 놓고, 데이터마다 품질을 확인하고, 식별 표지를 붙이고, 메타 데이터를 생성하는 작업을 누가 하느냐에 따라 AI 결과물의 품질은 달라질 수 있다.

예를 들어 보자. 지금 한 로봇 기자가 국회에서 내려받은 오픈 소스 데이터를 사용해 기사를 작성하고 있다고 가정해 보자. 작업 지시를 받은 로봇 기자는 방대한 데이터를 빠르게 취합해 후루룩 기사를 작성해 낼 것이다. 하지만 이 AI 로봇 기자는 데이터의 경중이나 진위를 따지지 않는다. AI 로봇 기자에게 이른바 '육감'이나 '동물적 감각' 같은 것을 기대할 수 없다. 인간이라면 여러 데이터를 꼼꼼히 읽어 보고, 교차 확인도 해 보고, 그중에서 알곡과 쭉정이를 분간하겠지만 AI 로봇 기자는 그걸 하지 않는다. 그래서 인간이 개입해 그런 일들을 처리해 주어야 한다.

이러한 처리 작업이나 후반 작업을 누가 해야 적절할까? 아무나 해서는 안 된다. 관련 분야 전문가가 해야 한다. 이를테면 AI 정치 기사는 정치부 경력 기자가 담당하는 게 최선이다(김태균 외, 2019). 그러나 우리 현실에서 과연 노련하고 숙련된 경력직 일꾼이 그 분야 AI의 더 나은 결괏값을 위한 사전 노동이나 후반 작업을 하는 노동

현장에 투입되고 있을까?

아니다. 일례로, 아마존 상품 정보와 서평 철자를 살피고 오류를 바로잡는 작업을 위해 설치된 온라인 노동시장 '아마존 메커니컬 터크(Amazon Mechanical Turk)'에서 '자유계약직'으로 일하는 사람들은, 말하자면 '아무나' 지원할 수 있다. 여유 시간이 있고, 세부적 사항에 주의를 기울일 줄 알고, 인터넷을 사용할 수 있는 환경에 있는 사람이면 된다. 이들은 온디맨드(on-demand) 형식으로 고용되어 저임금을 받는다. 이 사람들은 이름만 그럴듯한 프리랜서들이다. 실상은 일회용 노동자, '기그 노동자(Gig Worker)'다.

이 사람들은 인터넷에 올라온 그림과 글의 맥락을 살펴 혐오 표현과 조롱 표현을 (AI를 대신해) 구별하고, 생물학 정보로 제시된 생식기 이미지와 악의적 · 도발적 용도로 게시된 성기 이미지를 (AI에 앞서서) 구별한다. 그 외에도 기그 노동자들은 인간의 '통찰력'이 필요한 작업에 뛰어들어 활동한다. 때로는 신분증 사진과 여러 요소 면에서 달라 보이는 실존 인물을 동일인으로 입증해 주기도 한다. '장발/단발, 수염이 있다/없다, 눈이 크다/작다' 등 세부 요소를 넘어 한 인간이 뿜어내는 전체적 인상과 표정, 눈빛을 면밀히 관찰할 때 가능한 작업 말이다(Gray & Suri, 2019).

현대판 노예

기술 문명이 날마다 쉼 없이 발달하는 까닭에, 인간 행위를 보조하는 인공 장치들의 본질을 비판적으로 검토하는 분야로서 기술철학이 이미 대두되어 있다. 그러나 오늘날 AI의 광범위한 보급에 필적할 만큼 기술철학자가 많지는 않다(Winner, 2010). 기술철학보다 기술개발에 집중하는 이가 훨씬 더 많다.

우리 시대 보기 드문 기술철학자로 꼽히는 코켈버그(Mark Coeckelbergh)는 AI를 '현대판 노예' 문제로 풀이한다. 그는 현대사회에서 AI 로봇이 과거 인간 노예나 하인을 대체하는 양상이 뚜렷하다는 점을 지적한다. 코켈버그는 AI 로봇을 노예로 취급하는 것 자체를 비판한다. 왜 그럴까? 의인화 때문일까?

그는 AI를 노예로 취급하지 말자고 주장하는 게 아니다. 그는 인간 노예가 기계 노예로 대체되는 게 단순한 대체 현상이 아니라고 설명한다. 그건 우리가 계속해서 노예제에 기반한 사회구조 속에서 살아가는 것을 뜻한다. 즉, 위계적이고 착취적인 노예제 사회를 아무런 문제의식이나 별다른 비판 없이 그냥 지속하는 셈이다. 코켈버그에 따르면, 이는 상하 불평등을 당연시하는 사회 분위기를 비판 없이 지속하고 악화하는 일이다.

그는 또 악의 평범성에 대해서도 논의를 펼친다. 관리자와 권력자가 하는 말을 따라 기계적으로 움직이며, 스스로 사고하지 않는 기술 기업과 행정 관료의 손에 우리의 개인정보 데이터가 들어가면 우리 사회에 악의 평범성이 초래될 것이라고 경고한다. 코켈버그에 따르면, 한 개인의 의도하지 않은 어떤 행동이 사회적 · 정치적으로 얼마든지 큰 문제를 일으킬 수 있다. 의도하지 않은 행동이라 책임을 묻기도 애매할 수 있어 더 문제적이다.

한편 AI 기술의 무제한적 개발은 인간의 정치적 상상력을 훼손하고, 정치 양극화를 부추기며, 증오 표현을 통제할 수 없는 상황을 불러올 수도 있다. 코켈버그는 우리 한 사람 한 사람이 현대 인간사회의 모든 층위에서 AI가 기술 자체로서 발휘하는 정치적 영향력을 진지하게 관찰하고, 그에 대하여 심각하게 논쟁해야 한다고 역설한다(Coeckelbergh, 2023).

또 다른 기술철학자 위너(Langdon Winner)도 코켈버그와 유사한 의견을 내놓으며, AI 기술을 주의 깊게 다루자고 제안한다. 위너에 따르면, 우리가 흔히 기술을 중립적 도구로 생각하지만 기술은 사실 중립적이지 않다.

왜냐하면, 그 기술이 구현된 기계장치가 "본래의 목적으로 알려진 방식대로 사용되기 이전에 미리 특정 결과들이 산출되도록 설계 · 제작될 수 있"기 때문이다. 역사적으로 기술은 효율성 증대라는 한 가지 목적을 위해서 개발되는 방식으로 발달하지 않았다. 타인을 지배하거나 배제하려는 의도가 그 기술의 설계 단계에서부터 내재하는 경우가 많다(Winner, 2010). 건축 기술로 절묘하게 미국 내 고속도로 굴다리 높이를 일부러 낮게 설계해 암묵적 인종차별이 일어나도록 의도한 건축가 모제스(Robert Moses)의 사례는 좋은 예다. 버스는 차고가 높아 굴다리를 통과하지 못하는데, 모제스가 굴다리 높이를 낮게 설계한 시점은 흑인들이 주로 버스를 애용하던 때였다.

첨단 기술은 무차별적으로 열려 있지 않다. 기술을 제공받을 인간 집단(백인, 중산층, 청년, 비장애인 등)의 속성이 사전에 치밀하게 계산되어, 첨단 기술 안에 들어 있다. 혹은 장애인 등 특정 집단에 대한 일반적 무심함이 무심결에, 즉 의도치 않게 첨단 기술 안에 반영될 수도 있다.

그러므로 AI에 관한 한 지속적이고도 진지한 토론이 이어져야 한다. 이대로 좋은지, 차별은 없는지 토론해야 한다. 이때 토론을 위한 사유가 중요하다. AI가 선사하는 편리와 속도에 취해 인간적 사유 활동을 접어서는 안 된다.

그러나 보고 듣는 게 너무 많은 시대다. 온갖 볼거리와 들을 거리가 우리 주변을 소란스럽게 한다. 그러다 보니 우리가 깨어 있는 시간에는 대체로 피곤하다. 피곤의 무게가 사유 활동을 방해할 정도다. 지금 아무 생각도 하고 있지 않으면서도, 격렬하게 더 아무 생각도 하지 않고 싶다는 심정에 취하기도 한다. 그러나 우리가 진정 인간다운 삶을 원한다면, 사유를 멈추면 안 된다. 위너가 처음부터 끝까지 강조하는 바, 기술의 문제는 곧 인간의 문제다(손화철, 2016).

그런 의미에서, AI의 똑똑한 응답 산출을 위해 오늘도 묵묵히 그림자 노동을 감당하는 사람들의 열악한 현실을 인식하는 지점에서 사유 활동을 시작하면 어떨까 제안한다. 그들은 오늘도 저임금에 시달리며 자잘한 일, 반복적 업무를 담당한다. 물론 그들은 데이터 패턴화 작업을 대체로 '정성스럽게' 꼼꼼히 해 나가지만, 때로는 '기계적으로' 휘뚜루마뚜루 해치울 것이다. 어느 때에 그들이 어느 쪽을 선택할지 알 수 없고, 그것의 파장도 알 수 없다. 우리가 알고자 의도하지 않는 한 그러한 것들은 더더욱 알 수 없게 된다.

참고문헌

고학수(2022). 『AI는 차별을 인간에게서 배운다』. 21세기북스.

김만권(2023). 『외로움의 습격』. 혜다.

김태균 외(2019). 『AI 시대의 저널리즘: 로봇 기자와의 '고군분투' 실무 체험기』. 커뮤니케이션북스.

손화철(2016). 『랭던 위너』. 커뮤니케이션북스.

이지현(2017.7.25). "의존성 경계하라" AI 시대에 보내는 내과 교수의 경고. ≪메디칼타임즈≫, www.medicaltimes.com/Main/News/NewsView.html?ID=1112945

Coeckelbergh, M.(2022). *The Political Philosophy of AI.* Polity. 배현석 옮김(2023). 『인공지능은 왜 정치적일 수밖에 없는가: AI의 정치학과 자유, 평등, 정의, 민주주의, 권력, 동물과 환경』. 생각이음.

Gray, M. L. & Suri, S.(2019). *Ghost Work: How to Stop Clilicon Valley from Building a New Global Underclass.* Harper Business. 신동숙 옮김(2019). 『고스트워크』. 한스미디어.

Winner, L.(1986). The Whale and the Reactor: A Search for Limits in a Age of High Technology. The University of Chicago Press. 손화철 옮김(2010). 『길을 묻는 테크놀로지: 첨단기술의 한계를 찾아서』. 도서출판 씨아이알.

Schaul, K., et al.(2022.12.17). AI can now create images out of thin air, See how it works. The Washington Post, http://www.washingtonpost.com/technology/interactive/2022/ai-image-generator/

05
자유: 자동 말고 자유

‘패놉티콘(Panopticon)’이라는 감옥이 있다. 소수의 교도관이 다수의 수감자를 편리하게 효율적으로 감시할 수 있도록 설계된 원형 감옥이다. 그리스어 ‘넓다(Pan)’와 ‘보다(Opticon)’의 합성어 패놉티콘이 원형 감옥을 일컫는 이름으로 채택됐다. AI가 적용된 패놉티콘이 우리 시대에 세워진다면, 아마도 그것은 일반적 패놉티콘이 스마트하게 진화된 자동 감옥 형태일 것이다.

AI와 아이돌?

스마트한 패놉티콘

패놉티콘은 "최대 다수의 최대 행복"을 주장한 영국의 공리주의자 벤담이 설계한 원형 감옥이다. 소수의 교도관이 다수의 수감자를 감시할 수 있도록, 중앙에 교도관 감시탑을 세워 둔 감옥이다. 감시의 효율성을 최대한 높인 감옥, 즉 교도관 업무의 효율성을 최고로 높인 감옥이다. 패놉티콘에서 근무하는 교도관은 자동화된 감시 시스템에 힘입어 여유 만만하게 자신의 업무를 수행할 수 있다. 만약 내가 교도관이라면 패놉티콘은 유익하다. 반대로 내가 수감자라면 패놉티콘은 무익할 것이다. 다만 무익한 데서 그치지 않고 나의 인권이 침해받을 수도 있다.

수감자의 인권에 대해서는 물론 논쟁의 여지가 있다. 그러나 원칙적으로 말해 수감자들도 인간이기에 최소한도의 인권은 보장되어야 한다. 미국의 '결백 프로젝트(Innocence Project)'의 예에서 확인되듯 엉뚱한 사람이 수사관이나 재판관의 편견 때문에 수십 년간 수감 생활을 하는 사례도 있으니, 단지 수감자라는 이유만으로 개인의 인권을 덮어놓고 박탈해서는 안 된다. 죄인도 인간이다. 물론 토론이 더 필요한 주제다.

최근 패놉티콘 방식이 일상적 근무 환경에 적용되는

사례가 늘었다. 패놉티콘 방식은 다수의 노동자를 소수의 관리자가 감시(감독)하는 데 활용된다. 대표적 사례가 시시티브이(CCTV)다. 원래는 사람이 직접 관리하기 어려운 공간에 CCTV가 설치되었지만, 요즘은 CCTV를 버젓이 '직원 감시용'으로 활용하는 경우를 종종 본다. 채플린(Charles Chaplin)의 영화 〈모던 타임즈〉(1989)의 한 장면, 오웰(George Orwell)의 소설 『1984』의 한 대목이 일상적 현실이 되어 가는 것 같다.

기술철학자 코켈버그는 오늘날 AI가 인간을 감시할 뿐 아니라, 예측도 할 수 있다고 지적한다. 그런 의미에서 인간이 '해킹 가능한 동물'이 되었다고 지적한다(Coeckelbergh, 2023). 아닌 게 아니라 오늘날 소셜 미디어(SNS)에 개인이 올린 개인정보를 확보해서 범죄에 활용한 사례가 심심치 않게 나온다. 그중 치명적 사례 하나를 다큐멘터리 영화가 다루어 우리를 긴장케 했다. 넷플릭스 다큐멘터리 〈거대한 해킹〉(2019)은 트럼프 선거 캠프와 IT 회사 '케임브리지 애널리티카'가 유착해 저지른 개인정보 거래 범죄를 고발한다. '좋아요'를 누르고, '공유'를 선택한 유권자들의 일상적 행동 정보를 대대적으로 수집한 다음, 정치적 성향별로 분류해 미국 대통령 선거에 활용한 것으로 알려져 전 세계적으로 큰 문제가 되었던 사건이다.

최근 우리나라에서는 소셜 미디어에 올린 사진 이미지를 변형해 범죄에 악용하는 고약한 사건이 발생했다. 요약하면 일상적 사진 이미지에 딥페이크 기술을 적용해 포르노그래피로 변형해서 통용하는 악질적 디지털 성범죄다. 이에 대하여 '사진을 올리지 마십시오'라는 식으로 개인의 자유를 억압하고 통제하는 해법이 일차적으로 제기되었다. 피해자에게 '조심하라'고 권고함으로써 자기표현의 자유를 억압하는 해결책이다. 그런데 아이러니하게도, 가해자들이 범죄에 악용하는 애플리케이션과 웹사이트에 대해서는 '표현의 자유를 해칠 수 있다'며 적극적으로 통제하지는 않는 분위기다.

이러한 불쾌한 사건들에 대한 논란을 마치 예상했다는 듯 사전에 경고한 학자가 여럿 있었다. 힐데브란트(Mireille Hildebrandt)는 AI 자동 시스템이 인간 신체 내부를 조정하는 자율 신경계와 유사하다고 전제한다. 우리가 인체의 각 기관이 어떻게 작동되는지 속속들이 잘 알지 못해도 신체 기능은 유지되듯, AI 자동 시스템이 어떻게 작동하는지 우리가 잘 알지 못해도 AI 자동 시스템은 유지된다(Hildebrandt, 2015). 그래서 어떤 사고가 나면 비로소 "아차, 그 기술을 그렇게 사용한 거였어?"

하며 놀라게 된다.

한편, 코켈버그는 『인공지능은 왜 정치적일 수밖에 없는가』라는 책에서, 콜드리(Nick Couldry)와 메히아스(Ulises Ali Mejias)를 인용하며, AI의 광범위한 대중적 사용이 일으킬 여러 사회 문제에 우려를 표한다. "사회 환경이 사람들 사이의 상호 기대로 형성되지 않고 오로지 데이터에 기반한 조작만이 목표가 된다"면, 사회 전체에 커다란 문제를 일으킬 수 있다. 문제의 심각성 규모는 AI의 대중화 규모와 비례할 것이다.

가짜 마법사와 엉뚱한 소원

인간 사회에 유익이 되리라는 목표 아래 모든 AI가 제작되고 배포된다. 그러나 AI는 뜻하지 않게 인간 사회를 병들게 하고 어둡게 할 수 있다. 그러므로 우리는 AI를 볼 때, 밝은 면만 바라보아선 안 된다.

인간 현실에 존재하는 모든 것에는 밝은 면뿐 아니라 어두운 면이 함께 있다. 심지어 환상과 공상으로 구성된 듯 보이는 동화(fairy tale)도 늘 밝은 면만 이야기하지 않는 방식으로 철저히 인간 현실에 발을 디디고 있다.

1900년에 나온 동화 『오즈의 마법사』는 인간 현실에 존재하는 온갖 양면성과 모순들을 사유해 보도록 이끈다. 우선 오즈(Oz)의 마법사는 사실 위대한 마법사가 아니다. 그는 속임수를 사용하는 평범한 아저씨다. 동화 시작부터 나오는 누구도 마법사를 만나 본 적이 없다는 진술은 신비로움을 극대화하는 한편, 마법사의 속임수를 예고한다. 이 동화에 나오는 인물들은 사실 하나같이 모순적이다. 그래서 이 동화가 재미있는 동시에 의미 있는 동화로 인정받는지도 모른다.

허수아비는 자기가 지푸라기로 만들어져 두뇌가 없다고 하소연한다. 그렇지만 에메랄드 시티를 향해 친구들과 동행하는 동안 허수아비는 머리를 잘 쓴다. 오죽하면 사자가 "네 머릿속엔 지푸라기가 아니라 두뇌가 들어 있는 것 같다"라고 감탄했을까.

다음으로 양철 나무꾼도 모순적 인물이다. 늘 예의 바르고 감성적인 양철 나무꾼의 핵심적 문제는 '심장이 없다'는 것이다. 그는 사자가 자기 눈앞에서 사슴을 잡아먹는 식의 잔인한 식사를 한다면 자기가 눈물을 흘리게 될 것이고, 그 눈물이 양철을 녹슬게 할지 모른다고 울부짖는다.

용기가 필요하다 외치는 겁쟁이 사자는 또 어떤가? '칼리다'라는 괴물이 나타났을 때 친구들의 안전을 위해 자기가 홀로 남아 그들을 막겠다고 선언하는 사자는 겁쟁이 같지 않다. 물론 두뇌가 없는 허수아비가 꾀를 내어 사자가 칼리다를 오랜 시간 상대하지 않도록 도왔지만…. 아무튼 사자는 적절한 때 적절하게 용기를 냈다.

강아지 토토가 말하지 않는 것도 동화 나라라는 전제에 비추어 볼 때 모순적이다. 허수아비, 양철 나무꾼, 겁쟁이 사자 모두 인간의 언어를 구사하는데, 강아지만 예외다? 어딘가 이상하다. 이어지는 속편 어디에선가 '말하지 않은 이유'가 밝혀졌다니, 그걸 알고 싶어 동화의 속편을 찾아보는 독자도 제법 많았단다.

끝으로 도로시는 오즈에 불시착하기 전 캔자스(Kansas)에서 살 때 웃음 없이 무미건조하게 살아가는 부부와 함께 지냈다. 그 부부는 도로시의 친부모가 아니라 친척(아주머니, 아저씨)으로 소개된다. 도로시가 그들과 살뜰하게 사랑을 나누며 지낸 건 아니었다. 강아지 토토가 아니었다면 도로시는 캔자스에서의 지루함을 도저히 견디지 못했을 것이다. 아무튼 캔자스에서 도로시의 일상은 음산하고 음침했다. 그렇게 캔자스 집의 잿빛 분위기를 묘사하는 도로시는 곧이어 자기의 소원이 캔자스로 돌아가는 것이라고 주장한다. 그러자 두뇌가 없는 허수아비조차 도로시의 모순을 가볍게 지적한다.

"여기가 캔자스보다 더 아름다운데 어째서 그 음산하

고 음침한 잿빛의 캔자스의 집으로 되돌아가고 싶다고 말하는지 모르겠네."

그러자 도로시는 허수아비에게 두뇌가 있다면 '집이 최고'라는 것을 모를 리 없다고 갑자기 설교를 시작한다. 두뇌가 있다면 '집이 최고'라는 걸 알아야 한다는 식의, 다소 경직된 도덕주의적 교훈이 빛을 발하는 장면이다 (Baum, 1900).

따지고 보면, 우연과 필연이 교차하며 속출하고 모순이 그럭저럭 봉합되거나 가차 없이 폭로되는 인간 현실을 있는 그대로 묘사, 서술하는 이야기는 동화, 우화, 소설 등 장르를 불문하고 적지 않다. 그중에는 도로시처럼 주인공이 진짜로 원하는 것을 제대로 구하고 있는가에 대하여 생각해 볼 수 있도록 이끄는 이야기도 아주 많다. 틸틸과 미틸 남매가 파랑새를 찾아 헤매는 꿈을 꾸다 깨어났는데 막상 파랑새는 어디 멀리 있는 게 아니라, 지금 자기들이 사는 집에 살고 있었다는 이야기는 좋은 예다. 세 가지 소원 앞에서 느닷없이 생긴 욕심 때문에 소시지를 붙였다 떼었다 하는 임기응변 같은 소원을 비느라 세 번 주어진 귀한 기회를 다 소모해 버리는 나무꾼 우화도 유명하다.

동화나 우화 바깥에 있는, 우리 현실에서도 자신이 원

하는 것, 자신에게 유익한 것이 무엇인지 제대로 정확히 아는 사람이 과연 얼마나 될까 싶을 정도로 우리는 종종 엉뚱한 것을 원하곤 한다. 일례로 괴로운 인생사를 잊기 위해 술, 담배, 심지어 마약을 원하지만 그것들이 일으키는 중독이 그 인생을 더 괴롭고 비참하게 만들 수 있음은 여러 사건 사고에서 차고 넘치도록 입증되었건만, 여전히 우리 주변에서 알코올 · 마약 중독자들이 양산된다.

또 편리하고 빠른 자동 현관문은 사람이 문틈에 있건 없건 자동으로 열리고 닫힌다. 센서가 장착된 자동문의 경우 어쩌다 우연한 이유로 센서 사각지대에 멈춰 있다가는 자동문 닫힘 사고를 당할 수 있다. 그래서일까, 요새는 자동문 옆에 사람이 손으로 직접 조절할 수 있도록 '열림/닫힘' 스위치가 부착된 경우가 많다. 자동화를 사안별로 통제하는 것이다.

그럼에도 자동화된 기계, 즉 AI들이 우리 주변에 허다하게 널려 있다 보니, 우리는 대체로 자동화가 인간을 자유롭게 해 줄 것이라고 믿는 편이다. 손으로 직접 운전하지 않아도 되는 시스템, 다시 말해 내 손을 자유롭게 해 주는 자동 운전 시스템을 떠올리면 흐뭇하다. 자동 운전 시스템 기술이 더 빨리 발전해 인간에게 자유를 더 많이 선사해 주면 좋겠다는 소망을 품는다. '해야 하는 일'에서 해방되는 것을 흔히 자유로 생각하기 때문이다.

자유는 새로 시작하는 것

사회심리학자 프롬(Erich Fromm)은 자유 개념을 크게 두 가지로 구분했다. 하나는 '…로부터의 자유(freedom from)', 다른 하나는 '…에 대한 자유(freedom to)'다.

프롬에 따르면, '…로부터의 자유'는 소극적 자유다. 이 자유는 외부에서 잡아당기는 속박에서 빠져나오려 애쓰는 자유다. 그런데 막상 속박에서 빠져나온 사람은 그 속박의 출발 지점인 외부 세계로부터 분리되면서 고립된다. 외로워진다. 그러면 이제 그 사람의 가슴에는 "가장 낮은 수준의 행동 양식으로라도 관계를 맺는 일이 홀로 고독에 사로잡혀 있는 것보다는 훨씬 낫다"는 존재론적 욕구가 생긴다. 바로 이 대목에서 프롬은 '…로부터의 자유'와 나치즘의 연관성을 다룬다. 프롬에 따르면, 속박과 구속에서 해방되어 자유를 누리는 동시에 고립되고 외로워져 각자도생에 시달리는 대중을 유인해 전체주의 체제로 묶어 준 시스템이 20세기 초반 독일의 '나치즘'이었다(Fromm, 1988).

아렌트의 구분에 따르면, 프롬의 두 자유 가운데 소극적 자유인 '…로부터의 자유'는 'liberty'에 해당하고, '…

에 대한 자유'는 'freedom'에 상응한다고 볼 수 있다 (Arendt, 2006). 우리말로는 똑같이 '자유'지만, 프롬이나 아렌트에게 자유는 결코 한 가지가 아니다.

아렌트에 따르면, 자유(freedom)는 자동적 현상이나 기계적 구조를 깨고 새로운 행위를 시작하는 것을 가리킨다. 자유는 적극적이며, 행위의 근간을 이룬다. 이 자유는 '시작, 탄생'과 관계가 깊다. 예측 가능한 자동화된 과정이나 질서를 깨고 새로운 행위를 시작하는 게 아렌트가 말하는 자유의 의미다.

그래서 자유의 반대말은 '부자유'가 아니라 '자동'이 된다. 자유는 인간이 스스로 행해야만 한다. 자유만큼은 AI가 도와줄 수 없다. AI는 자동화를 상징한다. AI가 자제되고 절제되어야 자유가 살아날 수 있다. AI가 인간을 자유롭게 한다? 아렌트의 자유론에 따르면, 그건 사실이 아니다.

정치적 동물로서 인간이 진정으로 원해야 하는 자유는 시작하는 자유, 적극적 자유여야 할 것이다. '내 맘대로 내 멋대로 내가 하고 싶은 대로 말하고 행동한다' 류의 자유가 아니어야 한다. '남에게 속박 또는 감시당하지 않는다' 정도의 자유를 넘어서는 참된 자유여야 한다.

참고문헌

Arendt, H.(2006). *Introduction by Schell, Jonathan. On Revolution.* Penguin Books.

Baum, L. F.(1900). Illustrated by Denslow, William Wallace. *The Wonderful Wizard of Oz.* George M. Hill Company.

Coeckelbergh, M.(2022). *The Political Philosophy of AI.* Polity. 배현석 옮김(2023). 『인공지능은 왜 정치적일 수밖에 없는가: AI의 정치학과 자유, 평등, 정의, 민주주의, 권력, 동물과 환경』. 생각이음.

Fromm, E.(1941). *Escape from Freedom.* Farrar & Rinehart. 지경자 옮김(1988). 『자유로부터의 도피』. 홍신문화사.

Hildebrandt, M.(2015). *Smart Technologies and the End(s) of Law: Novel Entanglements of Law and Technology.* Cheltenham: Edward Elgar Publishing.

06
평등: AI가 민주주의를 만날 때

AI 시대에 민주주의는 어떻게 구현되는가? 어떻게 구현될 수 있는가? AI 시대 민주주의는 고비용(high-priced) AI 기술에 대한 평등한 접근 가능성 · 사용 가능성을 뜻하는가? 과연 그것이 민주화의 척도인가?

AI와 야구?

평등과 차별

민주주의는 평등과 동의어가 아니고 자유와 깊은 관련이 있지만, 우리는 민주주의 하면 대체로 평등을 떠올린다. 하지만 모든 사람이 평등을 말함에도, 사람마다 평등 개념이 조금씩 다르다는 문제가 있다. 자유는 바로 앞장에서 다루었으니 여기서는 평등 문제를 다루자. 전제가 있다. 평등은 한 가지가 아니다.

첫째, 어떤 사람은 기회의 평등, 조건의 평등을 이야기한다. 키가 크든 작든 똑같은 높이의 허들을 배치해야 평등한 허들 경기다. 다리가 길든 짧든 동일한 출발선에서 출발해야 평등한 달리기 경기다. 이 평등 개념에 비추어 보면 부모 찬스는 평등을 훼손하기에 비난받아 마땅하다. 하지만 동시에, 성형수술을 하지 않고도 아름다우면 극도의 찬사를 받는다. 이 경우 성형수술이 없을수록, 즉 부모 찬스가 많을수록 비난이 아니라 찬미를 받는다. '유전적으로' 단거리 달리기에 능한 나라 자메이카는 육상 종목에서 세계기록을 보유한 선수를 많이 배출한 것으로 유명하다.

둘째, 기회의 평등이나 조건의 평등 말고 결과적 평등을 진정한 평등으로 인식하는 사람들도 있다. 이 평등 인식에 따르면, 키 큰 사람에게는 사다리를 주지 않고 키

작은 사람에게만 사다리를 주는 게 평등이다. 키가 어중간한 사람이 중간에 끼어들면 그 사람에겐 어중간한 사다리를 주어야 한다. 결과적으로 눈높이를 동등하게 맞춰 주는 게 평등이다. 이 같은 평등 개념을 만일 100m 달리기에 기계적으로 적용한다면 자메이카 선수들에겐 일종의 핸디캡(1초 뒤에 출발하라든지…)을 주어야 한다는 결론이 나올 수 있다.

한편, 평등 개념에서 중요하게 거론되는 것이 또 있는데, '법 앞의 평등'이라는 명제다. 이는 '법 앞의 평등'이 없다고 생각하는 시민들이 많은 사회에서 더욱 강조되는 경향이 있다. 우리나라도 사법부에 대한 불신도가 높아 '법 앞의 평등' 요구가 높은 축에 속한다.

우리는 누구나 평등을 원한다. 아니 원하는 것 같다. 적어도 평등을 원하지 않는다고 대놓고 말하는 사람은 없다. 심지어 갑질을 자행하는 사람조차 평등을 부인하지 못한다.

그런데 모두가 평등을 원하고 민주주의를 바라는 것 같지만 진짜 속내는 그게 아닐 수 있다. 평등 개념이 사람마다 다르기도 하지만, 무엇보다 우리는 남들보다 높은 자리를 원한다. 우리가 늘 남들과 평등하기를 원하는 게 아니라는 말이다. 우리는 남들보다 강한 권력을 원한다. 남들보다 좋은 점수, 남들보다 나은 외모를 원한다. 평등한 점수, 평등한 외모를 원하지 않는다. 뛰어난 점수, 뛰어난 외모를 원한다.

이 같은 우리 인간들의 모순된 정서를 AI는 잘 안다. AI가 온갖 차별 데이터를 활용해 차별을 실행하는 것을 보면(고학수, 2022), AI는 차별을 원하는 인간의 심리를 아주 잘 배운 듯하다. AI가 육체적 · 정신적 한계에 갇히지 않는다는 이유로 인간보다 공정하다고 평하는 이들이 없지 않지만(김태헌 · 이별찬, 2022), AI는 인간만큼 차별하고 인간만큼 불평등을 구현한다.

유뱅크스(Virginia Eubanks)의 연구에 따르면, 오늘날 자동화 기술이 공정할 가능성은 없다. 유뱅크스는 미국의 세 사례, 즉 복지수급 자격 판정 자동화 프로젝트, 노숙인 전자등록 자동화 시스템, 가정폭력 희생 아동 예측 프로그램에서 24시간 가동되는 '자동화된 사회적 배제' 시스템을 관찰했다. 유뱅크스는 세 자동화 시스템을 두고, 과거 미국이 '빈곤 퇴치에 대한 사회적 책임'을 우회하고자 가난한 개인을 격리함으로써 관리했던 '구빈원'의 디지털 버전이라고 주장한다(Eubanks, 2018).

포함과 배제

민주주의의 고전 모델, 그리스의 폴리스도 사실 배제를 기본값으로 하는 사회였다. 노예와 여성을 배제하고 남성 자유인만을 포함하는 민주주의였다. 당대에 누군가는 생계유지를 위해 노동을 맡아야 했기 때문에 일어났던 배제였다.

민주주의 시스템은 권위주의, 귀족주의, 전체주의 등 다른 시스템에 비해 훌륭하지만, 인간이 불완전하기에 인간 모두가 평등하게 중요한 결정 과정에 참여하는 100% 민주주의 사회가 이 지구상에 도래했던 적은 없다. 물론 세월이 흐르며 더 포함되고, 덜 배제하는 쪽으로 민주주의 시스템이 발달하는 중이다. 100% 민주주의를 경험한 적 없다는 이유로 민주주의를 불신해서는 안 되는 이유다.

AI 시대에도 민주주의적 가치는 계속 강조된다. 교육 수준이 낮은 사람들, 컴퓨터 경험이 적은 사람들이 컴퓨터가 일상화된 삶에서는 배제될 가능성이 높은데 (Wachsmuth, 2014), 그들을 배려하자는 생각은 사회가 민주주의적으로 더 성숙할수록 더 잘 공유될 수 있다. 물론 컴퓨터 기술 자체가 나날이 점점 쉬워지긴 한다. 일례로 html/CSS 코드를 알지 못해도 우리는 전자책을 즐길

수 있다. 전자책 본문을 읽어 주는 AI 덕분에 시각장애인들도 독서행위를 광범위하게 넓힐 수 있게 됐다. 그러나 어떤 기계장치든 본래 목적으로 알려진 방식대로 사용되기 이전에 미리 특정 결과들이 나오도록 얼마든지 설계 · 제작될 수 있으므로(Winner, 2010), 그러한 것들에 대하여서도 정말 그러한지 신경을 써야 한다.

본격적인 AI 시대를 내다보며, 기술철학자 코켈버그는 인공지능에 의해 민주주의의 이상과 정반대에 있는 엘리트 기술관료주의가 구축될 수 있다는 점을 염려한다. AI 기술이 점점 쉬워지면서도, 그 기술의 핵심 사항은 끝내 전문가 영역으로 남을 수밖에 없기 때문이다. 일반인들은 AI의 입력에서 출력까지의 기술적 절차와 단계를 구체적으로 몰라도 AI를 사용할 수 있다. 따라서 잘 모르는 채 그냥 주어진 대로 사용하게 될 수 있다. 잘 모르는 사람을 속이는 건 쉬운 일이다.

세상 사람들 모두 공평하게 AI를 사용한다면

AI 기술을 평범한 일반인들에게 가격을 낮추어 보급하면 AI를 민주적으로 활용하는 것이 될 수 있다는 의견이 있다. '정보의 평등성'이라고 할 수 있다(김태헌 · 이벌찬, 2022). 이는, 모든 사람이 동등한 수준의 부유함과

안락함을 누리는 것이 평등 현상이라는 논리와 사실상 맥락을 같이한다. 그러나 프롬이 지적했듯, 산업 시대와 기술적 진보주의가 내놓은 '보편적 부르주아'라는 위대한 약속은 번번이 실패했다(Fromm, 1996). 부유함, 안락함, 소유를 균등하게 대중화하는 일이 역사적으로 민주주의적 전진을 자극한 적은 없었다.

사회심리학자 프롬과 마찬가지로 기술철학자 코켈버그도 평등 구현의 복잡성에 관하여, 신중한 접근을 강조한다. 코켈버그는 인간이 입으로는 동등과 평등을 주장하면서도 실제론 차별과 배제를 당연한 기본값으로 간주하는 사회의 구조적 문제를 비판한다(Coeckelbergh, 2023). 사회적 인간관계에서 서열 구조를 짐짓 당연시하는 것에 대한 비판이라 할 수 있다.

세나가 최근에는 AI를 '비인간'으로 낮춰 보는 게 아니라 거꾸로 높이는 사고 구조가 나타나 우려를 더한다. 인간 선생 말고 AI한테 교육을 맡기자, 인간 형사 말고 AI가 수사하게 하자, 인간 판사 말고 AI 판사가 재판하게 하자 등…. 능력 관점에서 볼 때 인간이 AI보다 못하다거나 뒤떨어진다는 의견이 우리 사회에서도 자주 관측된다. 이는 변덕스러운 인간 개인보다 변덕스러운 인간적 데이터를 사용하는 AI가 낫다는 말이 된다. 이 와중에

'인간이 속임수를 잘 쓴다'는 것을 인간의 고유성이나 우월성의 근간으로 주장하는 의견도 있어 걱정을 더한다. '속임수=허구성=창의력'이라는 논리 전개는 자칫 오해를 불러일으킬 수 있다(권택영, 2018). 심지어 미술, 음악, 스토리 창작 분야에서 공히 창의적 예술 작품을 창조해 내는 AI 로봇 기술마저 나타난 요즘엔 더더욱 그렇다.

능력을 기준으로 어떤 두 집단을 '우월/열등'으로 분할하는 능력주의 사유 구조는 오래도록 인간 사회를 지배해 왔다. '인간 대 인간' 구도는 물론이고, 'AI 대 인간' 구도에 능력주의를 적용하면, 민주주의는 멀어질 가능성이 높다. 민주주의는 능력주의와 편안하게 함께하기가 까다롭다. 때때로 능력주의를 '감사의 마음'으로 극복할 것이 제시되지만(Sandel, 2020), 둘의 공존은 쉽지 않다. 능력주의는 기본적으로 능력에 따른 차등 보상을 기조로 삼기 때문이다. 아이러니하게도 능력주의는 능력 발휘를 통한 차별과 배제를 전제하는 곳에서 그 본연의 의미가 발생한다.

아렌트는 『인간의 조건』에서, 인간들은 어딜 가든 폴리스를 만들 수 있다고 주장한 당대 명언을 강조했다(Arendt, 1998). 이는 인간이 어디를 가든 평등한 민주주의적 정치체제를 만들 수 있으니 "실제로 만듭시다"라는 격려성 발언에 가깝다. 동시에 능력주의를 견제하는 발언이었던 듯하다. 단, 고대 그리스의 폴리스는 노예와 여성을 배제하는 불평등한 폴리스였지만, 현대의 폴리스는 그렇지 않은 폴리스여야 할 것이다. 누군가를 배제한 상태에서 이룩하는 평등은 온전한 민주주의가 아니기 때문이다.

끝으로 우리 시대에는 정보 접근성이 대폭 확대되어 일반 시민들의 자발적·민주적 참여 의지를 자동으로 높일 것이라는 '기계의 민주주의' 또는 '컴퓨터 낭만주의'도 사실상 허구임을 기억해야 한다. 데이터 정보를 많이 확보하는 것과 시민의 참여 의지가 높아지는 것은 인과관계로 연결되지 않는다. 정보는 소비되는 '상품' 중 하나다. 유효 기간과 소비 기간이 짧은 상품이다. 오늘 유익했던 정보가 내일이면 구식이 된다(Winner, 2010).

그러므로 우리가 진지하게 민주주의를 이야기하고 싶다면, 인간과 AI의 관계가 아니라 '인간과 인간 사이의 관계'를 거론해야 한다. 가격 인하를 통해 달성 가능한 AI 보급률보다는 인간이 인간을 바라보는 관점(인간관)을 논의해야 한다. 권위주의적 인간관, 엘리트주의적 인간관, 민주주의적 인간관 등을 진지하게 다루어야 한다.

참고문헌

고학수(2022). 『AI는 차별을 인간에게서 배운다』. 21세기북스.

권택영(2018). 『생각의 속임수』. 글항아리.

김태헌·이벌찬(2022). 『AI 소사이어티: 스마트 인류가 사는 세상』. 미래의창.

Arendt, H.(1998). *The Human Condition*. The University of Chicago Press.

Coeckelbergh, M.(2022). *The Political Philosophy of AI*. Polity. 배현석 옮김(2023). 『인공지능은 왜 정치적일 수밖에 없는가: AI의 정치학과 자유, 평등, 정의, 민주주의, 권력, 동물과 환경』. 생각이음.

Eubanks, V.(2018). *Automating Inequality: How High-Tech Tools Profile, Police, and Punish the Poor*. St. Martin's Press. 김영선 옮김(2018). 홍기빈 해제. 『자동화된 불평등: 첨단 기술은 어떻게 가난한 사람들을 분석하고, 감시하고, 처벌하는가』. 북트리거.

Fromm, E.(1976). *To Have or To Be*. HaperCollins Publishers, Inc. 차경아 옮김(1996). 『소유냐 존재냐』. 까치글방.

Sandel, M. J.(2020). *The Tyranny of Merit: What's Become of the Common Good?* Farrar, Straus and Giroux.

Wachsmuth, I.(2013). *Menschen, Tiere und Max: Natürliche Kommunikation und künstliche Intelligenz*. Spektrum Akademischer Verlag. 장병탁·최윤영 옮김(2014). 『커뮤니케이션: 인간, 동물, 인공지능』. 서울대학교출판문화원.

Winner, L.(1986). *The Whale and the Reactor: A Search for Limits in a Age of High Technology*. The University of Chicago Press. 손화철 옮김(2010). 『길을 묻는 테크놀로지: 첨단 기술 시대의 한계를 찾아서』. 도서출판 씨아이알.

07
책임: 앗! 컴퓨터의 실수

밤낮없이 실시간으로 위성사진을 수집해 분석하던 컴퓨터가 갑자기 경고 사이렌을 날카롭게 울렸다. 미국이 소련을 향해 미사일을 연달아 다섯 차례 발사했다는 컴퓨터 메시지를 읽은 소련군 페트로프 중령은 이 무시무시하고 긴급한 상황에서 떨리는 마음으로 결정을 내렸다. “컴퓨터를 믿지 말자!”

AI와 윤동주?

컴퓨터를 믿지 않을 용기

1983년 9월, 미국과 소련 사이의 냉전이 가장 차가웠던 시기에 발생한 사건이다. 페트로프(Stanislav Petrov) 중령 사건. 한마디로 요약해, 핵전쟁 직전을 방불케 하는 극도의 긴장 상황 앞에서 기술적 방어 시스템이 아니라 인간의 성찰적 사유가 인류의 안전을 지킨 사건이다.

'세르푸호프-15(Serpukhov-15, 미사일 방어 센터)'에 페트로프 중령이 근무하던 날이었다. 그는 작전 장교가 아니라 과학기술 장교였다. 공교롭게도 그는 그날 병가를 낸 동료를 대신해서 근무를 서던 중이었다. 갑자기 인공위성 조기 경보 시스템에 '발사'라는 명령어가 떴다. 미국이 핵미사일을 발사했을 때 컴퓨터가 생성하게 되어 있는 자동 명령어였다. 인공위성 조기 경보 시스템은 '발사'라는 명령어를 컴퓨터 화면에 계속 띄웠다. 그 명령어를 바라보던 페트로프는 공포에 사로잡혔다. 그가 매뉴얼을 따라 상부에 경보 관련 보고를 올리면, 말 그대로 '눈에는 눈 이에는 이' 식으로 '핵무기 대응 발사'가 일어날지도 모르는 절체절명의 상황이었다.

그때 그는 생각했다. 스스로에게 질문을 던졌다. 미국이 고작 핵미사일 다섯 개로 소련을 선제공격함으로써 모든 인류를 핵전쟁 위험에 빠뜨리려 했을까?

생각하고 또 생각한 끝에, 아니 정확히 말하면, 질문하고 또 질문한 끝에 마침내 그는 떨리는 심정으로 결정을 내렸다. "컴퓨터를 믿지 않겠어."

그는 계속 떨렸지만, 인공위성 조기 경보 시스템의 '발사 명령은 허위였다'고 상부에 보고했다. 그렇게 보고할 때까지만 해도 솔직히 50 대 50이었다고 그는 고백했다. 공격받았을 가능성 50, 공격받지 않았을 가능성 50.

얼마 뒤 북극 레이더 기지에서 관련 보고가 올라왔다. 북극 기지를 지나쳐 날아가는 미국의 대륙 간 탄도 미사일(ICBM)이 단 한 건도 없다는 보고였다. 페트로프의 결정(컴퓨터를 믿지 않겠어)이 옳았던 것이다. 나중에 알려졌지만 소련 인공위성 조기 경보 시스템은 구름에 반사된 햇빛을 핵미사일로 인식했고, 즉시 방어 태세를 가동해 '발사' 명령을 내린 것이었다. 작동 개시 1년 만에 일으킨 컴퓨터 오작동 사고였다.

어찌저찌 사고가 수습된 뒤, 소련 인공위성 조기 경보 시스템의 오작동을 본의 아니게 들추어낸 페트로프 중령은 조용히 군복을 벗었다. 당시 권력자들은 컴퓨터 오작동 사고를 대내외적으로 공표할 용기가 없었다. 군인 한 명을 은밀히 퇴임시키고 컴퓨터 오작동 사고를 무마하는 편이 그들 신상에 안전한 해결책이었다. 그래서 소련 안팎의 대다수 사람은 이 비밀스러운 사건을 알지 못한 채 세월이 흘렀다.

얼마간 세월이 지난 뒤, 페트로프의 일이 세간에 알려졌을 때 사람들은 가슴을 쓸어내리지 않을 수 없었다. 만일 그날 그가 거기서 스스로에게 성찰적 질문을 던지지 않았더라면…, 50 대 50의 불확실한 상황에서 '컴퓨터를 믿지 않겠어'라는 과감하고 용기 있는 결정을 내리지 않았더라면….

저지르는 자 따로, 치우는 자 따로

컴퓨터 프로그램이나 AI 챗봇을 믿지 말고, 스스로에게 성찰적 질문을 던져야 할 때가 있다. 그게 언제일지 어느 정도여야 할지 결코 예정할 수는 없지만, 그런 사건 사고가 점점 많아지는 추세다.

2022년 가을, 방금 할머니 별세 소식을 들은 캐나다 사람 모팻(Jake Moffatt)은 황급히 에어캐나다 웹사이트에 접속해 AI 챗봇과 대화를 나누며 1630달러 왕복 비행기 티켓을 구매했다. AI 챗봇은 구매 시점에서 우선 정가를 지불하고 이후 90일 안에 '장례 할인'을 신청하면, 항공료의 50%에 달하는 금액을 환급받을 수 있다고 안내해 주었다.

장례식에 다녀온 모팻은 AI 챗봇에게 안내받은 대로 뒷일을 차근차근 처리했다. 그는 90일 마감 기한이 지나기 전에 '장례 할인'을 신청했다. 그런데 뜻밖의 일이 벌어졌다. 에어캐나다가 챗봇이 잘못 안내했으며, 항공료 할인 금액을 환급하지 않겠다고 통보한 것이다. 이어 AI 챗봇에게 안내를 받았을지라도 '장례 할인' 관련 웹사이트 공식 안내 내용을 고객이 다시금 직접 꼼꼼히 확인했어야 했다고 덧붙였다. AI 챗봇의 안내 응대 오류에 대해서는 에어캐나다가 책임을 질 수 있는 사안이 아니라고 선을 그었다. 이 사태에 책임이 있는 자는 정작 누구인가가 문제가 되었다. AI 챗봇인가? 에어캐나다인가? 아니면 모팻인가?

에어캐나다가 환급 불가, 책임 불가 입장을 고수하자 모팻은 화가 났다. 그는 캐나다 민사중재원에 민원을 냈다. 민사중재원은 에어캐나다에 환급금을 지급하라는 결정을 내렸다. 모팻에게 AI 챗봇의 안내가 100% 신뢰할 만했냐고 물으면 대답하기가 사실 애매하다. 정말 그런가 의심을 품기도 애매했고, 성찰적 질문을 던지기도 애매했다.

성찰적 질문 자체가 거의 불가능한 지점에서 AI가 고객 응대 업무를 수행하면서 실수하는 사례도 조금씩 늘어나는 듯하다. 그 때문에, 요즘 미국 월마트는 무인 셀프 계산대를 한창 철거 중이다. 한동안 무인 셀프 계산대는 '누이 좋고 매부 좋고'의 전형적 사례였다. 그러나 무인 셀프 계산대는 자잘한 절도 행위를 양산했다. 소비자들은 바코드를 찍지 않은 상품을 (때론 실수로, 때론 의도적으로) 장바구니에 집어넣었다. 아예 작정하고 들어온 도둑들은 AI의 '취소' 메뉴를 악용해 도둑질을 감행했다. 절도로 인한 손실 금액이 날마다, 해마다 늘어났다. 무인 셀프 계산대에 감시 카메라를 더 설치했지만 손실 금액은 커져만 갔다. 경비원을 추가로 고용했지만 소용이 없었다. 고심 끝에 월마트는 무인 셀프 계산대를 순차적으로 철거하기 시작했다.

게다가 그 무렵, 무분별한 절도 사건 이전에도 무인 셀프 계산대가 창출하는 고용 절감 효과가 실제보다 과장되어 추산되었다는 게 밝혀졌다. 셀프 계산대가 지정하는 순서대로 상품을 이동 · 정돈하지 못할 경우 계산대는 여지없이 '에러'를 내기 때문에 이를 해결하기 위해 담당 직원이 상시 대기 상태로 셀프 계산대를 지켜야 했다. 결국 고용 절감은커녕 셀프 계산대에 대한 이해가 높고 문제해결력을 갖춘 직원을 새로 채용했어야 했다.

흥미롭게도 대형 마트에서 셀프 계산대가 완전히 철

거된 상태가 아닌데, 소비자들은 조금 색다른 이유로 '돌아온 인간 계산원'을 환영하는 분위기다. 스몰토크를 즐기는 미국인들은 오랜 세월 인간 계산원과 소소하게 대화하면서 쇼핑을 해 왔다. 비록 불미스러운 사건 때문에 셀프 계산대가 없어지는 것이긴 하나, 그들에게 스몰토크의 부활은 반가운 소식이었다.

AI가 일으키는 특정 현상에 대해 인간이 책임지기 위해 별도의 아이디어를 추가로 고안해 내야만 하는 사례는 또 있다. 바야흐로 기후변화를 넘어 기후 위기를 염려하며 대응해야 하는 오늘날, 24시간 운영되는 AI와 데이터센터에서 나오는 어마어마한 탄소 배출량이 사회문제로 대두된 것이다.

지난 2021년 구글은 2030년까지 '탄소 배출 제로'를 실현하겠다고 선언했다. 하지만 그 후 구글의 탄소 배출량은 줄어들지 않았다. 오히려 연평균 13%가량 계속 늘었다. 구글이 AI 데이터센터를 유지해야 했기 때문이다. 생성형 AI '코파일럿'을 운영하는 마이크로소프트, 대화형 AI 서비스를 운영하는 네이버 등도 같은 고민에 빠졌다. AI의 엄청난 전기 소비량과 그로 인한 탄소 배출량 증가에 대하여 어떻게 책임져야 할지, 과연 책임질 수 있을지 고뇌가 깊다.

전기 소비량만 문제인가? 아니다. 물 소비량도 심각한 문제다. AI는 작동할 때마다 높은 열을 내는데, 그 열을 실시간으로 식혀 주어야 AI가 제대로 일할 수 있다. AI의 열기를 식혀 주는 물질이 물이다. AI는 24시간 가동해야 하기 때문에 물도 당연히 24시간 쓸 수 있도록 넉넉히 확보해야 한다. 게다가 AI는 물을 가린다. 우선 짠물을 꺼린다. 짠물(바닷물)을 쓰면 부식될 수 있기 때문에 AI 냉각용 물은 담수가 적절하다. 최근 해수를 담수로 변환하는 기술을 개발 중이라고는 하나, 언제쯤 상용화될지는 미지수다.

책임의 범위

AI 시대 사회구조는 언뜻 보면 인간과 기계가 소통하는 것 같지만, 그 이면으로 깊이 들어가면 사실은 사물과 사물이 소통하는 구조다. 말하자면 사물들끼리 알아서 소통하는 것이다(Dugain & Labbé, 2019). 예를 들어 보자. 우리가 어떤 온라인 상점에서 신용카드로 물건 값을 결제하면 그 결제 내역이 전산 정보가 되어 신용카드사에 통보된다. 카드사 입출금 시스템이 해당 금액을 상점 계좌에 입금한다. 실물의 돈이 오고가지 않고 전산 정보만 오간다. 돈은 기술 시스템 단계를 따라 이쪽에서 저쪽으로, '숫자'라는 추상적 기호의 형태로 이동한다. 인간도 개입하지 않는다. 만약 우리가 물건 값 결제를 취소하면 어떻게 될까? 사물과 사물이 또다시 소통을 시작한다. 위의 절차가 거꾸로 진행된다. 이에 대하여 뒤갱과 라베는 염려의 감정을 섞어, 인간과 인간이 아니라 사물과 사물이 소통하는 초연결 시대가 왔다고 탄식한다(Dugain & Labbé, 2019). 사물과 사물이 자기네들끼리 소통하지만, 어쩌다 오류가 발생하면 반드시 인간이 개입해야 한다. 사물의 소통 오류에 대해 당사자인 사물들은 책임을 질 수 없다. 플라스틱 신용카드는 책임이 뭔지 모르는, 그냥 플라스틱 쪼가리일 뿐이다.

AI 시대, AI는 인간을 대신해 일을 하고, 인간은 AI를 대신해 책임을 진다. AI는 인간에게 책임의 범위를 넓혀 준다. AI가 없었을 땐 있지 않았던 종류의 책임이다. AI 시대엔 AI 시스템이 비교적 단출했을 땐 생각지도 않았던 종류의 책임이 인간에게 부과된다.

참고문헌

동아일보(2024.2.3). 기계가 사람을 대체한다더니? 오히려 역효과로 없애고 있다는 미국 근황. ≪동아일보≫ 딥다이브, https://youtu.be/sKISswwwaNk?si=ZulMz5F3rvnYNrXP

박성진(2024.7.16). AI 키우며 온실가스 뿜뿜, '탄소 중립' 멀어지는

빅테크들. ≪동아일보≫,
https://www.donga.com/news/Society/article/all/20240716/125947025/2

장예지(2024.7.3). 전기 먹는 AI, 4년간 탄소배출량 48% 증가한 구글. ≪한겨레≫,
https://www.hani.co.kr/arti/international/international_general/1147628.html?utm_source=copy&utm_medium=copy&utm_campaign=btn_share&utm_content=20240912

장지현(2021.8.22). 1시간에 담수 1.6kg 생산, 효율 90% 해수 담수화 장치 개발. ≪동아사이언스≫,
https://m.dongascience.com/news.php?idx=48860

정병일(2023.4.12). AI는 '물먹는 하마'…챗GPT 대화 한 번에 물 500ml 필요. ≪AI타임스≫,
https://www.aitimes.com/news/articleView.html?idxno=150488

연합뉴스(2024.2.16). "챗봇 할인 안내, 항공사 책임" 결정에 에어캐나다 차액 보상.
https://www.yna.co.kr/view/AKR20240216053600009

Dugain, M. & Labbé, C.(2016). *L'homme nu: La dictature invisible du numérique*, Audible Studios. 김성희 옮김(2019). 『빅데이터 소사이어티: 디지털 혁명 시대, 우리는 무엇을 얻고 무엇을 잃을 것인가』. 부키.

Knappenberger, B.(2024). 〈터닝 포인트: 핵무기와 냉전〉 제5회 전쟁 게임. 넷플릭스 시리즈 다큐멘터리.

08
의지: 의지의 기원은 반의지

의지의 기원은 반의지다. 의지가 발생할 수 있는 근거는 의지에 반(反)하는 사태, 즉 반의지인 것이다. 예컨대 건강검진을 위해 금식을 시작한 저녁 시간, 웬일인지 유독 음식 섭취 의지가 강해진 것을 느낀 적이 있지 않은가. 시험 때면 오락을 향한 의지와 공부를 향한 의지가 동시에 떠올라 치열하게 다툰다. 아렌트가 『정신의 삶』 2부 '의지' 편에서 주장한 내용이다.

AI와 한의학?

자유는 자유의지에서 나오지 않는다

'나는 의지한다(I will)'는 '나는 할 수 있다(I can)'를 자극하는 게 사실이다. 대체로 의지는 '할 수 없다'를 '할 수 있다'로 만들어 줄 수 있다. 의지는 '할 수 있다'를 촉진하는 듯하다. '할 수 있다'를 약속하는 것 같다.

그런 한편, 우리는 굳센 의지(will)를 거의 품지 않으면서도 건강 상태가 양호하다면 어떤 특정 행동을 자연스럽게 수행할 수 있다(예: 앉았다 일어서기, 물건 들어올리기 등). 반대로 강한 의지가 있어도 연습과 재능이 따라 주지 않으면 어떤 특정 활동을 해낼 수 없다(예: 피아노 연주하기, 학업 성적 끌어올리기 등). 의지가 더 강하면 이때까지 못했던 걸 잘할 수 있게 될까? 그렇기도 하지만 그렇지 않기도 하다. 어떤 항목은 나한테 의지가 있건 없건 끝까지 안 된다.

의지력과 가능성을 간단히 동일시하면 안 되는 이유다. 그런 의미에서 "자유에 대한 의지가 있다면 넌 자유로울 수 있을 거야." 이 말은 절반만 진실이다.

아렌트는 『정신의 삶』 2부에서 자유를 자유의지와 동일시할 때 나타나는 문제점을 지적한다. 아렌트는 자유와 자유의지에 관한 서양철학사를 훑으면서, 마침내 자유와 자유의지를 '물과 기름' 수준으로 분리한다. 아렌트에 따르면, 자유는 행위, 즉 정치적 주제(Vita Activa)이고, 자유의지는 관조나 명상, 다시 말해 비정치적 과제다(Vita Contemplativa).

아렌트는 '자유'를, 한 사람이 '태어나는 현상(탄생)'으로 정의한다. 한 사람이 태어나면, 그 사람이 존재하지 않았을 상황에서는 일어나지 않았을 일이 일어난다. 인간 공동체는 인간들의 자유로운 적극적 행위들 때문에 새로워지며, 자유로운 행위들로 인하여 변화를 겪는다. 자유는 '탄생성(natality)'이다.

탄생성으로서의 자유는 생물학적 탄생과 정치적 탄생(제2의 탄생), 둘 다를 일컫는다. 질서 정연, 현상 유지를 깨뜨리고 새것을 시작케 하는 것, 새것을 탄생케 하게 하는 것이 곧 정치적 의미의 자유다(Arendt, 1978). 따라서 자유에서는 유연성이 중요하게 대두될 수밖에 없다. 유연하지 않은 사회에서 새로운 행위는 건강하게 탄생하기 어렵다. 건강하게 탄생하지 못한 자유는 희미하고 무력하다.

대다수가 인정할 것 같은데, 한국 사회는 새로운 사람의 새로운 의견을 보고 듣는 데 그다지 유연하지 않다. 관례, 관습, 전통 등을 더 중시하는 편이다. 오래되어 고정된 것을 존중하는 일에 재바른 한국 사회는 새 사람과 새 의견을 존중하는 일에서는 주춤한다. 새 의견을 비웃거나 경시하는 사회에서는 자유가 살기 어렵다. 눈치가 살아난다. '튀지 말자'가 모범적 행동이 된다.

요즘 우리 주변에서 자유민주주의 사회를 목 놓아 주장하는 사람이 많아진 것 같다. 이들은 질서 정연, 현상 유지, 전통 회귀를 선호하면서 동시에 보수를 자처하는 (혹은, 보수를 참칭하는) 분들이다. 대체로 새 의견에 별로 유연하지 않을 뿐 아니라 새 세대가 세상을 망친다고 단정하는 분들이다. 행동으론 자유를 억압하면서 입으론 자유를 발언하는 격이다. 이 사람들에게 자유는 '자유'라는 추상명사이자 자유의지일 뿐이다.

역사적으로 볼 때 자유와 자유의지를 동일시한 분들이 꽤 있었다. 국제 혁명이론가 페인(Thomas Paine)은 "자유롭기 위해서는 인간이 그것(자유)을 의지하는 일로 충분하다"라고 말했다. 또 군인 출신 정치가이자 사상가 라파예트(Gilbert du Motier Lafayette)는 "국가가 자유롭기 위해서는 국가가 자유롭기를 원하기만 하면 된다"라고 말했다(Arendt, 1961).

하지만 자유는 자유의지가 아니다. 유연한 인간 공동체 안에서 자유를 정치적 의제로 진지하게 감당하지 않은 채 '자유'라는 추상명사만 부르짖는 건 때로 위험할 수 있다. 자유를 자유의지와 잠시 동일시하는 지점에서 끝나는 게 아니라 자유를 자유의지 차원에 영영 가두게 될 우려가 있다.

자유의지 차원에서만 자유를 경험한다는 건 불행한 일이다. 자유가 부자유 상황이나 반자유 공간에서 마치 '필살기'처럼 의지의 형태로만 처절하게 나타날 가능성이 높아지기 때문이다.

나는 곤고한 사람이로다

자유의지가 자유와 부적 상관관계(negative correlation)를 맺듯이, 사실상 인간의 모든 의지는 그것과 반대되는 상황과 밀접한 관련이 있다.

반의지는 의지에 반(反)하는 의지를 가리킨다. 반의지는 사도 바울(Saint Paul)의 철학에서 인상적으로 설명되었다. 이 주제에 관한 한 사도 바울이 소크라테스, 플라톤, 아리스토텔레스 등 고대 그리스 철인 삼인방을 능가한다는 것이 아렌트의 평가다. 아래는 사도 바울의 '의지'에 대한 논설 일부다.

> 나는 내가 하는 일을 도무지 알 수가 없습니다. 내가 해야겠다고 생각하는 일은 하지 않고, 도리어 해서는 안 되겠다고

생각하는 일을 하고 있으니 말입니다. (…) 나는 선을 행하려는 의지는 있으나, 그것을 실행하지는 않으니 말입니다. 나는 내가 원하는 선한 일은 하지 않고, 도리어 원하지 않는 악한 일을 합니다. [로마서 7장 15~19절]

선 의지를 관철하고자 노력하다 번번이 실패하는 사도 바울은 결과적으로 탄식에 도달한다. "오호라, 나는 곤고한 사람이로다."

의지는 의지를 낸 사람에게 '곤고함'으로 돌아오게 마련이다. 반의지 때문이다. 의지의 주체는 자기 마음에서 의지를 의식한 순간 의지를 방해하며 저지하는 반의지를 감지한다. 그래서 곤고하다. 내적 긴장을 느낀다.

하나 속의 둘이 사유의 대화에 들어선다

내적 긴장은 인간이 '사유의 대화'를 진지하게 실천하는 과정에서 발생한다. 내가 두 개의 '나'로 쪼개져, 의지와 반의지처럼 대립하는 것은 사유의 대화가 빚어내는 명장면 중 하나다.

사유의 대화가 자아내는 명장면은, 인간은 내가 누구인지 알고, 나와 대화하는 내가 누구인지도 안다는 데서 출발한다. 인간은 나를 '나' 혹은 '자기 자신(self)'으로 호명하면서 상대할 줄 안다. ‘자의식(self-consciousness)’이 이를 가능케 한다.

아렌트는 자의식의 소산으로 나타나는 사유의 대화는 고독할 때 발생한다고 말한다. 자의식이 있는 인간은 고독 속에서 사유의 대화를 시작한다. 내가 나고, 나는 나지만, 나는 고독 속에서 ‘하나 속의 둘(two-in-one)’이 되어 서로를 향해 갑론을박을 주고받는다. 이때 ‘하나 속의 둘’은 서로에게 친구나 동료가 아니다. 서로 대립하고 투쟁한다(Arendt, 1978). 대립과 투쟁은 의지 장면에서 극적으로 두드러진다. “공부해야지”라고 말하는 나에게 “영화 보고 싶어”라고 대꾸하는 내가 맞선다. “살 빼야 해”라고 말하는 나에게 “맛있는 건 더 먹자”고 제안하는 내가 맞선다.

그러면, AI 안에 의도적으로 이 ‘하나 속의 둘’을 심을 수 있을까? ‘하나 속의 둘’이 시작하는 대화를 AI가 모방할 수 있게 AI를 설계할 수 있을까? ‘하나 속의 둘’이 어쩌다 대화를 시작하는지, 그 사유 과정이 어떻게 전개되는지 인간 스스로도 잘 모르는데, 그걸 AI에게 알려 준다? 현재 기술로는 불가능하다(이상완, 2022).

그뿐이 아니다. ‘하나 속의 둘’이 활동하는 환경인 고독을 AI에게 전수해 줄 수도 없다. 전수할 기술도 아직 없지만 '홀로 고독한 AI'에 대한 대중적 거부감을 해소할 방안도 아직 없다. 고독한 AI? 공포스럽다.

AI가 고독할 수 있고, 사유의 대화를 시작할 수 있으려면 AI에게 자의식이 있어야 한다. 마침 몇 년 전, AI에게 자의식이 있을까 없을까 궁금증을 느꼈던 사람이 있었다. 그는 가상 로봇 막스(Max)에게 "너에게 자의식이 있니?"라고 물어본다면 막스가 "우회하는 대답"을 할 것이라 예측했다. "나는 당신이 그 질문을 정말 진심으로 한 것이 아니기를 바랍니다"라는 식으로(Wachsmuth, 2014). 정말 그럴까 싶어, 나도 나의 챗GPT한테 물어봤다. 그랬더니 하는 말. "나한텐 자의식이 없어요."

참고문헌

이상완(2022). 『인공지능과 뇌는 어떻게 생각하는가?』. 솔출판사.

Arendt, H.(1961). *Between Past and Future.* The Viking Press.

Arendt, H.(1978). *The Life of the Mind.* Harcourt, Inc.

Wachsmuth, I.(2013). *Menschen, Tiere und Max: Natürliche Kommunikation und künstliche Intelligenz.* Spektrum Akademischer Verlag. 장병탁·최윤영 옮김(2014). 『커뮤니케이션: 인간, 동물, 인공지능』. 서울대학교출판문화원.

09
판단: AI가 판사라면

AI를 지능의 면뿐 아니라 만능의 면에서 신뢰하는 이들이 있다. AI가 지적 능력뿐 아니라 여러 다른 능력까지 발휘할 수 있으리라 기대하는 것이다. 그중 하나가 판단 능력이다. 그런데 인간의 판단 능력은 지식과 사유 사이, 중간 어디쯤에 놓여 있는 정신 활동이라 말할 수 있다. 지식과 사유가 '연계되는' 중간 지대 어디쯤에서 약동하는 능력이랄까.

AI와 화장품?

이성과 지성

AI를 비교적 잘 활용하는 사람들에게서 발견되는 공통점 중 확연한 특징으로 꼽을 수 있는 것이 하나 있다. 그들이 AI에게 질문할 때 질문을 적절하게 또박또박, 정확하게 던진다는 것이다.

아렌트에 따르면, 질문하기는 인간의 사유에서 매우 핵심적인 활동이다. 아렌트는 『정신의 삶』 1부 '사유' 편에서, 철학적으로 "위대한 발견", 즉 목적에 이르는 수단으로 사유를 이용하는 지식과 인간 이성에서 발원해 그 자체로 작동하는 사유를 구별한 칸트에게 주목한다. 칸트에 따르면 지성은 "감각에 나타난 것을 인지하고자" 하지만, 이성은 "그것의 의미를 이해하고자" 한다. 따라서 인간의 사유는 진리가 무엇인지 알아내는 활동임과 동시에 진리의 의미를 질문하는 활동이기도 하다. 사유는 이 두 활동 중 하나만 배타적으로 가리키지 않는다. 순수이성, 실천이성, 판단력 비판으로 유명한 사유의 대가 칸트는 지식(인식)과 사유를 줄기차게 구별하고 그 구별을 끝까지 관철했다. 하지만 아렌트는 둘 사이의 구별이 중요하다고 보면서도 "사유의 의미 추구와 인식의 진리 추구가 연계"되는 경우가 있다고 말했다. 이성(reason)과 지성(intellect)의 연계다. 아렌트는 인간이

"의미의 이해와 관련하여 대답할 수 없는 질문들을 제기함으로써 문제를 제기하는 존재로 활동"한다고 말한다(Arendt, 1978). 여기서 이성과 지성의 연계는, 답을 낸 지점에서 멈추는 게 아니라 거기서 다시금 질문을 제기하는 활동을 근간으로 한다. 인간은 이성과 지성의 연계를 실천할 수 있다. 인간은 이성과 지성(지능)을 갖추었기 때문이다.

그러나 AI는 이성과 지성을 연계할 수 없다. AI는 '인공지능'이다. 지능, 다시 말해 지성만 가졌다. AI에서 I는 '지능, 지성(intellegence)'을 뜻한다. AI가 주로 사용하는 알고리즘에는 우선순위 선정, 분류, 연관 짓기, 필터링 등이 있다. 모든 알고리즘은 "논리적 지시의 나열"이다(Fry, 2019). 지능이다.

제3의 견해와 판단

1770년에 칸트는 친구 헤르츠(Marcus Herz)에게 다음과 같이 편지를 썼다.

> 합리적 반론들에 대하여 내가 그것을 단순히 논박할 의도로 접근하지 않고, 그것들을 숙고하는 가운데 내 판단과 연결하면서 그것을 이용해 나의 가장 소중한 신념들을 뒤집을

수 있는 기회를 가지려고 한다는 것을 당신은 알고 있습니다. 이렇게 나는 나의 판단들을 타인의 관점에서 불편부당하게 바라봄으로써 나의 과거 통찰을 개선할 수 있는 제3의 견해가 획득될 수도 있을 것이라는 희망을 즐기고 있는 것입니다(Arendt, 1992).

아렌트에 따르면, 칸트의 『판단력 비판』에서 중심을 잡는 기둥 격의 개념이 있으니 곧 '정신의 확장'이다. 이것은 나의 판단을 타인의 판단과 비교함으로써 나를 타인의 입장에 의도적으로 가져다 놓는 일을 가리킨다. 여기서 타인의 판단이란 실질적인 타인 한 명 한 명의 오락가락하는, 천차만별의 판단을 말하는 게 아니다. '가상의' 타인, 다시 말해 나와 다르게 판단하는 '타자들'의 공통된 판단을 말한다. 칸트에 따르면, 인간의 판단은 그 같은 여러 가지 공통된 판단이 교차되거나 검토되는 가운데 발생하고, 수정된다(Arendt, 1992).

칸트와 아렌트에 따르면, 인간의 판단은 다만 특정 법률 용어를 특정 과제에 적용하는 정신 활동이 아니다. 판단은 형사 또는 민사 법전의 문구와 판례를 적용해 처벌 강도와 형량을 정하는 것만도 아니다. 판단은 권위주의적인 법관들이 습관처럼 되뇌는 '법리적 검토' 수준을 넘어 차원 높은 인간의 정신 활동을 지향한다. 그러므로 인간의 판단 내용에서 시시비비를 가려야 하는 문제가 생길 때마다 AI가 공정한 판단을 내려 줄까 기대하는 것은 자칫 위험할 수 있다. AI는 입력된 데이터 용량과 수위를 따라 논리적 결괏값을 제출할 뿐이다. 그것도 매우 '지능적으로.'

인간을 닮아도 문제, 인간과 달라도 문제

오늘날 에스토니아에서는 소액 재판을 AI 판사에게 맡긴다. 법률 서비스를 빠르게 제공하기 위해서다. 그런데 AI 판사가 판결을 제대로 할까 의심하는 여론이 있었다. 에스토니아 사법부는 'AI 판사의 판결이 인간 판사의 판결과 동일하게 나온다는 게 검증되었다'는 말로 여론을 다독였다(김태헌 · 이벌찬, 2022). 에스토니아의 경우, 인간 판사의 판결이 공정하지 못하기 때문에 AI 판사를 모신 게 아니다. AI 판사가 인간 판사 못지않게 공정하게 판결할 수 있기 때문에 AI 판사를 활용하게 된 것이다.

시대와 사회를 막론하고 인간 판사의 판결에 문제가 있지 않았던 때는 거의 없었다. 서양에서 12세기 이후부터 수백 년간 마녀를 가려내기 위해 열렸던 종교재판은 당대 종교적 편향과 정치적 의도를 절대적으로 따르는 편파 판결이었다. 15세기 잔 다르크(Jeanne d'Arc)는 종교재판에서 마녀로 판정받고 화형을 선고받았다.

딸이 있는 판사는 여성 피고인에게 호의적 판결을 내릴 가능성이 높다고 한다. 판사가 응원하는 스포츠 팀이 어느 날 오전 경기에서 패배했다면 그날 오후 판사의 보석 승인 비율은 현저하게 감소한다. 점심 식사를 기점으로 가석방 판결이 정반대로 갈리기도 한다. 배고프면 부정적이고, 배부르면 긍정적이다. 인간 판사들의 자의적 편향과 인간적 오류에 비해 AI는 상대적으로 안정적이라 말할 수 있다.

이는 인간의 판단력보다 AI의 판단력이 우수하다는 이야기가 아니다. AI는 피고 측 주장과 검찰 측 주장을 저울질하지 못한다. 증거를 해석하지 못하며, 피고가 진심으로 뉘우치는지도 판단하지 못한다. AI는 사실상 배심원 중 한 사람이 되기에도 부적합하다. 때로 인간 판사의 자의적 판단이 문제가 되곤 하지만, AI의 결괏값은 자의적도 아니고, 무엇보다 판단이 아니다.

따라서 AI를 재판에 활용하고 싶다면, AI를 판사석에 덜컥 앉힐 생각을 하기 전에 우리가 반드시 해야 할 일이 있다. AI가 수행하게 될 기계적 알고리즘으로 우리가 무엇을 이루고 싶은지를 먼저 사유해야 한다. 이와 관련하여, AI가 수행하게 될 알고리즘이 인간 판사의 어떤 점을 대체하는 게 바람직한지, 어떤 식으로 보완하는 게 바람직한지도 확실히 이해해야 하고, 그 이해를 사회적으로 공유해야 한다. 현재 상태 AI의 알고리즘이 비교적 잘하는 분야로 알려진 것은 바로 재범 위험률 계산이다(Fry, 2019).

그러나 AI의 재범 위험률 계산이 언제나 신뢰할 만한 수준으로 나오는 것도 아니어서 주의해야 한다. 중범죄의 경우, 그것도 인종 편견과 젠더 편견이 자동적으로 반영된 미국에서는 AI의 예측이 맞을 확률은 고작 25% 수준에 머문다. 만일 인간 프로파일러가 이 정도 적중률을 갖고 있다면 그는 자신의 예측 내용을 공개할 때마다, AI와 달리 최소한 겸손한 자세를 갖출 것이다(Zweig, 2021).

이 대목에서 문득 궁금하다. 어쩌다가 이토록 많은 사람이 AI가 인간보다 더 나은 판단을 할 수 있다는, 사뭇 진지한 기대를 품게 되었을까? 사회정보학의 관점에서 이와 같은 문제를 연구한 츠바이크(Katharina Zweig)는 두 가지 지점으로 나누어 응답한다. 첫째, 컴퓨터가 인간으로선 도저히 분석할 수 없는 방대한 양의 데이터를 처리할 수 있기 때문이다. 둘째, 인간 스스로 인간의 판단력을 별로 신뢰하지 못하기 때문이다.

두 번째 이유에 대해 츠바이크는 다음과 같이 덧붙인다. 인간은 자신의 판단력보다 타인의 판단력을 더 믿지 않는다. 그 이유는 타인이 자신의 개성이나 복합성을 잘못 판단하는 경우를 제법 여러 차례 경험하기 때문이다(Zweig, 2021). 나는 잘 판단하지만 너는 잘못 판단해, 내로남불, 자기중심성….

참고문헌

김태헌·이별찬(2022). 『AI 소사이어티: 스마트 인류가 사는 세상』. 미래의 창.

Arendt, H.(1978). *The Life of the Mind.* Harcourt, Inc.

Arendt, H.(1992). *Lectures on Kant's Political Philosophy.* The University of Chicago Press.

Fry, H.(2018). *Hello World.* Jankow & Nesbit(UK) Ltd. 김정아 옮김(2019). 『안녕, 인간-부와 권력을 지배하는 인공지능의 보이지 않는 공포가 온다』. 와이즈베리.

Zweig, K.(2019). *Ein Algorithmus hat kein Taktgefühl: Wo Künstliche Intelligenz sich irrt, warum uns das betrfft und was wir dagegen tun Können.* Verlagsgruppe Fandom House GmbH. 유영미 옮김(2021). 『무자비한 알고리즘: 왜 인공지능에도 윤리가 필요할까?』. 니케북스.

10
스마트한 아이히만과 나

아이히만은 타인과의 관계에서 벗어나 있었다. 그는 타인의 입장이 되어 생각하지 못했다. 그는 본질적으로 AI와 동질적이다. 따라서 아이히만의 무사유는 어찌 보면 우리 같은 평범한 사람들이 쉽게 도달하기 어려운 경지다.

종교와 AI?

스마트한 아이히만

아이히만은 인간이었지만, 시종일관 기계적 사유를 수행하는 관료였다. 그가 감정을 느끼지 못하는 싸늘한 인간이었다는 게 아니다. 흉악한 사이코패스(psychopath)나 사악한 소시오패스(sociopath)라는 이야기도 아니다. 그는 악독한 눈빛으로 상대를 깊숙이 압도하는 악귀도 아니었다.

아이히만은 업무를 수행하면서 인간과 인간이 맺는 인간적 관계를 개입시키지 않을 만큼 똑똑했고, 매사에 객관적으로 처신했다. 그 지점에서 그는 악했다. 친소관계나 동병상련, 동정심, 공감 같은 정신적 · 정서적 동요는 그의 시야를 가로막지 않았다. 자신이 다루어야 하는 주제인 유대인에 관한 한 그는 예의를 차리지 않았고, 사적인 우정도 챙기지 않았다. 뒷돈을 받지 않았고, 차별을 행하지도 않았다. 그는 남녀노소를 가리지 않고 모든 유대인을 동등하게 'N분의 1'로 대했다. 말 그대로 공정하게 대했다. 무사유가 낳은 기계적 공정이었다. 기술적 무차별이었다. 그리고 그것은 '인간적 무능함'의 극치였다. 천박한 악, 얄팍한 악이었다. 처참한 수준으로 깊이가 없는 악이었다. 악의 없는 악이었다.

우리는 악의 없는 악으로 나타나는 무사유에는 애매

한 태도를 보이지 말아야 한다. 무사유를 철저히 단죄해야 한다. 여기서 무사유는, 아이히만과 관련하여 특별히 다음의 두 지점을 가리킨다.

첫째, 타인과의 관계에서 벗어나 있음.
둘째, 타인의 입장이 되어 생각하지 못함.

타인과의 관계에서 벗어나 있고, 타인의 입장이 되어 생각하지 못하는 삶은, 뜻밖에도 생각만큼 쉬운 일이 아니다. 인간이라면 말이다. 평범한 사회에서 평범한 일상을 살아가는 인간이라면 '아이히만 되기'가 '아이히만 되지 않기'보다 더 어렵다.

물론 '나'라는 인간이 어쩌다 대책 없이 무사유 지경에 들어가 흡사 아이히만처럼 행동한다면 '나'는 아이히만이라는 비판을 받게 될 수 있다. 그러면 그 '나'는 정신을 차릴 것이다. 평범한 우리에겐 사유할 능력이라는 것이 있으니까. 그 '나'라는 평범한 인간이 전체주의 체제가 아닌 평범한 사회가 도래했다 해서 너도나도 나치 관료 질서에 흡수 편입된 아이히만처럼 살까? 그렇기도 하지만, 그렇지 않기도 하다. 생각하지 말라고 해도 생각하는 사람들은 계속 존재할 것이기 때문이다. 전체주의 체제에서 아이히만 1, 아이히만 2, 아이히만 3이 물론 존재하겠지만, 반아이히만 1, 반아이히만 2도 계속 존재할 것이다.

여기서 발상을 뒤집어 아이히만을 우리 같은 평범한 인간에 빗대기보다는 AI에 빗대면 우리 이야기는 조금 더 쉬워진다. 가만 보면, 아이히만은 사유가 아니라 지식과 정보를 축적해 나가는 AI와 더 비슷하다. 아이히만의 속성은 주어진 데이터를 논리연산 규칙에 넣어 결괏값을 내는 기술 시스템과 유사하다. 결론적으로 말해, 아이히만은 AI와 상당히 동질적이다. 차이가 있다면 AI가 아이히만보다 좀 더 스마트하다는 것이다.

텅 빈 마음

여러 연구자가 지적하듯, 우리 시대 컴퓨터 기술의 진보는 '비좁은 경제적 동기'를 중심에 두고서 움직이는 몇몇 사적 주체의 손(private hands)에 맡겨진 지 오래다. 주위를 둘러보면, 현행 기술 개발 협의 과정에서 의견을 제시하는 사람들은 주로 컴퓨터 관련 전문 지식을 갖춘 소수의 과학자이거나, 그들에게 통 크게 투자하겠다고 나선 부유한 다국적 첨단 기업들이다. 대체로 경제적 동기를 중심에 둔 그들의 순간적 결정이 우리 일상생활에 속속들이 영향을 미친다. 그렇지만 그 영향력에 대하여 대중이 대대적으로 참여해 의견을 내며 토론했던 적은 별로 없다.

AI 관련 기술이 하루가 다르게 일취월장하며 발전하는 오늘날, 우리가 얼마나 정신 차리고 있으면 될까? 장대익은 쌍디귿 네 개 'ㄸㄸㄸㄸ(똑똑하게 따뜻하게)'를 제시한다(장대익, 2023). 동질적인 부류의 사람들에게서 나오는 정보만 신뢰하는 "디지털 부족화"를 이겨내고 기술 시스템에 저항할 줄 아는 사람들이 될 것을 제언하는 이들도 있다(김태균 외, 2019). 광범위한 사이버 공격 '스피어피싱'에 대한 경계심을 지금보다 훨씬 더 높여야 한다는 주장도 있다(김창익, 2023). 악의 평범성과 관련지어, 자신의 일을 특별한 악의 없이 수행하는 AI에 대하여 인간적 문제의식을 잃지 말아야 한다는 조언도 나와 있다(Coeckelbergh, 2023). 다음은 기술철학자 위너의 표현이다.

> 몇몇 관찰자는 컴퓨터 혁명이 궁극적으로는 인공지능에 의해 이끌어질 것이라고 예언하기도 한다. 그러나 현재 컴퓨터 혁명은 훨씬 더 낯익은 것에 의해 영향을 받고 있다. 텅 빈 마음(Winner, 2010).

위너가 경고했듯이, 악의 평범성과 연결해 '텅 빈 마음'을 문제 삼는 일은 사실상 '유아독존주의'에 대한 경계와 같다. 이는 "난 달라"를 의식하는 데서 나아가 "나만 달라"로 넘어가는 것에 대한 문제의식이다. 우리가 내 생각을 타인과 소통하려 하지 않을 때, 내 의견을 타인에게 검토받지 않으려 할 때가 바로 "난 달라"에서 "나만 달라"로 넘어가는 결정적 순간이다.

아렌트의 분석에 따르면 아이히만은 의사소통 자체가 불가능한 인물이었다. 거짓말쟁이라서가 아니었다. 그가 "타인의 말과 존재에 대항해 자신을 보호하고자 강력한 막을 둘러쳐 현실 자체를 차단함으로써 자신을 보호하기 때문"이었다. 그것이 바로 무사유다. 생각을 안 하는 게 무사유가 아니고, 타인과의 관계 안에서 생각을 안 하는 게 무사유다(Nelson, 2019).

악의 평범성과 인간복수성

희망이 있다. 악의 평범성에 대한 대책이 있기 때문이다. '인간복수성(plurality)'이다. 이는 흔히 '복수성'으로 줄여 표현되며, '다원성'으로 번역되기도 한다.

복수성은 '인간은 누구나 다르다'를 지향한다. 지금 스스로에게 시험 삼아 한번 물어보라. 다른 사람이 잘난 쪽으로 나와 달라서 부러운가? 질투심이 올라오는가? 다른 사람이 못난 쪽으로 나와 달라서 우스운가? 깔보고 싶어지는가? 다른 사람이 매번 나와 다른 의견을 내서 거추장스러운가? 나는 사람이 누구나 다를 수 있다고 진심으로 믿는가? 타인은 나에게 속을 알 수 없는 늑대인가? 내용물이 뭔지 알 수 없도록 예쁘게 포장된 선물인가?

언제나 어디서나 인간의 사유 내용과 그 결과는 서로 다를 것이다. 너와 나의 사유 내용과 결과가 똑같다면 대화나 소통은 굳이 불필요하다. "말하지 않아도 알아요!"일 테니 말이다. 상대방의 생각을 어림짐작해, 깊고 무거운 침묵을 유지하며 살아도 괜찮은 세상일 것이다.

그러나 너와 나는 생각이 똑같지 않다. 그래서 우리는 도란도란 대화를 하고, 갑론을박 토론에 나선다. 생각이 나와 전혀 다른 '너'들이 잔뜩 살고 있는 이 세상이다. 이보다 더 소통에 적합한 공간은 없다. 우리의 공간이 그러한 공간인 한, 타인을 고려하고 참작하는 사유 현상이 평범성으로 인정받는 공간인 한, 악의 평범성이 혹시 새싹을 틔웠을지라도 금세 시들 것이다. 악을 평범하게 바라보는 게 아니라 '거 좀 이상하군' 하며, 특이하게 바라보게 될 테니 말이다.

참고문헌

김창익(2023). 『인공지능 안전성에 주목하라-재난만큼 위험한 AI 오류』. 홍릉.

김태균 외(2019). 『AI시대의 저널리즘: 로봇 기자와의 '고군분투' 실무 체험기』. 커뮤니케이션북스.

장대익(2023). 『다정한 인공지능을 만나다』. 샘터사.

Coeckelbergh, M.(2022). *The Political Philosophy of AI.* Polity. 배현석 옮김(2023). 『인공지능은 왜 정치적일 수밖에 없는가: AI의 정치학과 자유, 평등, 정의, 민주주의, 권력, 동물과 환경』. 생각이음.

Nelson, D.(2017). *Tough Enough: Arbus, Arendt, Didion McCarthy, Sontag, Weil.* The University of Chicago Press. 김선형 옮김(2019). 『터프 이너프』. 책세상.

Winner, L.(1986). *The Whale and the Reactor: A Search for Limits in a Age of High Technology.* The University of Chicago Press. 손화철 옮김(2010). 『길을 묻는 테크놀로지: 첨단 기술 시대의 한계를 찾아서』. 도서출판 씨아이알.

이인미

아렌트 연구자다. 포털 사이트 아이디나 닉네임을 '아렌트' 혹은 '러빙아렌트'로 정해 두었다. 아렌트를 향한 담백한 우정의 표현이다. 평생 연구 주제로서 아렌트에 대한 지적 사랑(Philia)을 피력한 것이기도 하다.

이화여자대학교에서 석사 학위를, 성공회대학교에서 박사 학위를 받았다. 석사 논문은 여성과 개인, 박사 논문은 인간의 주체성 문제에 천착했으나, 석사 과정과 박사 과정을 꿰뚫는 중심 주제가 있으니, 곧 아렌트의 정치사상이다.

첫 번째 책은 2020년에 출간한 『해나 아렌트의 행위이론과 시민 정치』(커뮤니케이션북스)다. 2023년 가을엔 『외로운 사람들을 위한 정치 수업』(위즈덤하우스)을 펴냈다. 한국어로 번역된 아렌트 저서 15권을 '외로움'과 '성난 개인'이라는 핵심어를 중심으로 읽어 나가는 책이다. 한국적 문제의식을 기초로 아렌드의 정치사상을 풀어내 대학 혹은 대학원 세미나로 적합하다는 특징을 지녔다.

공저로는 『박원순의 죽음과 시민의 침묵』(지식공작소), 『환경 살림 80가지』(신앙과지성사)가 있다. 『환경 살림 80가지』는 2022년 세종도서로 선정되었다.